Blaues Blut im Karneval

von
Judith Cremer
und
Rainer Moll

Die Autoren

Rainer Moll

ist durch zahlreiche in Bonn und Köln bekannte Comedy-Lesungen, unter anderem „Kunst gegen Bares" und „Escht Kabarett", bekannt geworden und hat sich über seine bisherigen, nicht in Prosa veröffentlichten Werke bereits als „Reimer Rainer Moll" einen Namen gemacht. Obwohl er gebürtiger Endenicher Jeck ist, hat er Wurzeln in Köln geschlagen und ist dort Pressesprecher des Klubs Kölner Karnevalisten. Ein Kenner der Kölner Szene.

Judith Cremer

ist schriftstellerisch nach außen bislang nur für den Bonner General-Anzeiger in Erscheinung getreten. Als Juristin schrieb sie dafür zuletzt Gerichtsreportagen, was aber einige Jahre zurückliegt, weil ihre Juristerei wenig Raum für Kreatives ließ. Dafür ist sie seit rund 20 Jahren Mitglied im Reitercorps der Beueler Stadtsoldaten und war in der Session 2003/2004 Bonna. Und damit ist sie ebenfalls Kennerin der Karnevals-Szene.

Blaues Blut im Karneval

von
Judith Cremer
und
Rainer Moll

EDITION
LEMPERTZ

Impressum

Math. Lempertz GmbH
Hauptstraße 354
53639 Königswinter
Tel.: 02223 / 90 00 36
Fax: 02223 / 90 00 38
info@edition-lempertz.de
www.edition-lempertz.de

1. Auflage – November 2014
© 2014 Mathias Lempertz GmbH

Text: Judith Cremer, Rainer Moll

Umschlaggestaltung, Satz: Ralph Handmann
Lektorat: Philipp Gierenstein, Laura Liebeskind
Titelbild: fotolia

Printed and bound in Germany

ISBN: 978-3-945152-90-4

Inhalt

Protagonisten in der Reihenfolge des Auftretens:

Josi: Josephine Dahm, Ehefrau bzw. Witwe des unter merkwürdigen Umständen verstorbenen Hans Dahm.

Hans (der Erste) Dahm: Der unter merkwürdigen Umständen verstorbene Ehemann von Josi, ehemaliger Bonner Prinz, Liedermacher und umtriebiger Geschäftsmann.

Willi Schudeck: Ein eher schlicht strukturierter rheinischer Karnevalist in Uniform von eher unbedeutendem Rang.

Kai Dahm: Sohn von Josi und Hans I., so denkt man. Schwachsinnig, hässlich und wirr. Nur in Reimen sprechender Unsympath.

Karl Heinz Tibold: Kommandant des ungenannt bleiben wollenden, wenn nicht sogar erfundenen Traditionscorps aus dem Rheinland; seines Zeichens Schrotthändler und finanzieller Unterstützer des Corps, Freund von Hans I., mit dem Spitznamen „der Abwaschbare" oder gerne auch „Schrottibo" genannt, wie *Schrott Tibold Bonn*.

Stefan Emmerich: Seit gefühlten 50 Jahren Adjutant des Kommandanten Karl Heinz, und seit weiteren gefühlten 100 Jahren hoch dekoriertes Mitglied im Corps.

Marius Demeter: Corpsdoktor und Arzt im richtigen Leben. Leibarzt des amtierenden Prinzen (Hans II.), das „Nesthäkchen" der Runde und der „Moralist".

Jupp: Brezelverkäufer

Frank Gragowski: Als Vollassi getarnter Heavy Metal-Fan mit sozialem Engagement und nicht zuletzt daher bester Freund von Kai, dem Sohn des Verstorbenen, Hans I., und dessen Witwe, Josi.

Hans (der Zweite): Amtierender Bonner Karnevalsprinz

Honi soit qui mal y pense

Oder länger in Amtsdeutsch:

Die Handlung und die handelnden Personen dieses Buches sind frei erfunden. Jede Ähnlichkeit mit toten oder lebenden Personen oder Persönlichkeiten des öffentlichen Lebens ist nicht beabsichtigt und wäre rein zufällig.

Prolog

„Tu mir diesen letzten Gefallen, David. Ich weiß, wir waren uns in den letzten Jahren spinnefeind. Darum tue ich an dir zuerst Buße, für das, was ich dir angetan habe. Meine Zeit ist gekommen. So oder so. Ich gebe dir die Genugtuung, die du seit Jahren suchst. Unter allen, die ich kenne, gibt es nur dich, dem mein Tod eine Genugtuung wäre. Und so sollst du ihn als späte Rache miterleben. Zeige nur ein wenig Mitgefühl für die Meinen und veranlasse das Nötige, um ihnen zu helfen."

Das waren seine letzten Worte, bevor er herniedersank. Alles andere war gesagt.

Zweisam einsam

Als sie nach Hause kam, sah sie ihn am gewohnten Platz: gleich neben dem Barhocker an der Heizung liegend. Fast wie immer an Weiberfastnacht, wenn er zu ausgiebig gefeiert hatte und nach ausgiebigem Feiern reichlich onduliert heimkam. Wie immer hing er da ab mit dem Prinzenorden um den Hals. Unwillkürlich musste sie lachen. Es wurde ein bitteres Lachen, als sie ihn da mit den Resten seiner Würde um den Hals erblickte. So hatte er sich das jedenfalls eingebildet. Denn in Wahrheit waren diese Äußerlichkeiten doch nichts als eine banale Würdigung, die nun wirklich jeder erhielt, der lange genug in Uniform hinter einer Fahne oder einem Trömmelchen hergerannt war. Außer „Würdigungen" dieser Art hatte er nichts mehr, was an seine Würde von früher auch nur erinnert hätte. Es war schon fast komisch. Oder war es tragisch, wie sie das Leben im Laufe der Jahre mehr und mehr auseinandergespült hatte?

Früher kamen sie nicht nur zu Hause im Bett zusammen, sondern gingen danach zu zweit los, tranken zusammen, ohne sich erst zusammentrinken zu müssen, und gingen irgendwann gemeinsam angeschlagen, aber glücklich gen Heimat. Auch, als sie sich bereits etliche Jahre kannten, hatten sie an dieser Tradition zunächst noch festgehalten. Wann und wie sie diese Gewohnheit abgestellt hatten, wusste sie nicht mehr. Sie glaubte nicht wirklich, dass das von selbst geschehen war. Sie war zumindest so unsentimental, zu wissen, dass ihre ursprüngliche Leidenschaft füreinander nicht einfach so daher kam, ohne dass man etwas dafür tat. Von allein gehen gute alte Gewohnheiten nicht einfach auf Wanderschaft. Das erzählte sie zumindest ihren Bekannten, die den Verlust ihrer eigenen ehelichen Romantik beklagten. Dass sie immer noch ein Traumpaar waren, war nichts anderes als die Version für die Öffentlichkeit. Schließlich war der Export ehelicher Verbundenheit in die örtliche Szene Teil ihres Erfolgsrezeptes als Paar. Und zugegeben, dieses Konzept ging nach wie vor auf.

Aber ganz für sich, in diesen ruhigen Minuten, als langsam das Brummen der Karnevalslieder in ihrem Kopf nachließ und die kölschen Töne wieder Platz für andere Gedanken machten, sah sie sich in unerwarteter Härte mit sich selbst und ihrer Beziehung konfrontiert. Mit dem, was sie vorgegeben hatten, dem, was sie tatsächlich lebten. Und dem, wie es einmal gewesen war. Ja, so wie man auch im Karneval in einem Moment himmelhoch jauchzend und im nächsten zu Tode betrübt sein konnte. Die kölsche Siel un dat kölsche Bloot in Ihr. Da fiert mer mit de Höhner, hät e Jeföhl für Kölle, schwof met de Fööß un een Leed späder heeß et nur noch „Wat wor dat fröher schön doch en Colonia! Die joode aale Zick. Wor die net super?" Und obwohl sie wusste, woher diese plötzliche Gemütsschwankung kam und dass sie gleich wieder ihren Kopf verlieren und ihrem Mann in all ihrer zwar abgenutzten, aber dennoch gewohnten Liebe und Vertrautheit sentimental um den Hals fallen würde, kam sie nicht umhin, sich zumindest für diesen kurzen Moment, in dem sie noch da stand und ihn mit seinem albernen Prinzenorden um den Hals betrachtete, der Vergangenheit hinzugeben.

In den ersten Jahren, als sie sich gerade erst kennengelernt hatten, war das alles noch anders gewesen. An Weiberfastnacht war es gewesen, einem Tag wie heute. Und schon fast absurd war es ihnen vorgekommen, dass ausgerechnet sie die Liebe ihres Lebens just an diesem Tag glaubten gefunden zu haben, an dem die meisten anderen sich zumindest übergangsweise davon zu befreien suchten. Eine andere Beziehung war darüber schnell gestorben. Ihre andere Beziehung. Dieser Tag wurde auch nach dem Kennenlernen noch über Jahre in Ehren gehalten. Sie zelebrierten ihn gemeinsam, nach einem strengen Ritual. Ganz wie damals. Bereits beim ersten Kuss im Zeughaus hatten sie beide gewusst, dass das nicht irgendein erster Kuss gewesen war, sondern der EINE. Neben der körperlichen Leidenschaft, die sie füreinander hegten, sprach er sie aber auch noch auf andere Weise an. Im wahrsten Sinne des Wortes: Er trug ihr Liebesgedichte vor, die schönsten, die sie je gehört hatte. Immer spontan, immer gereimt, wie er es auch auf der Bühne – natürlich mit weniger intimem Inhalt – als poesierender Prinz getan hatte, als sie noch bewundernd aus dem Publikum zu ihm aufgeschaut hatte. Wie sie später erfahren hatte, war es für ihre spätere Beziehung sehr wohl vorteilhaft gewesen, ihn zunächst nur auf und nicht auch hinter der Bühne erlebt zu haben. So hatte sich ihr erstes Bild von ihm nur im positiven Sinne gezeichnet, ähnlich wie bei einem richtigen Star, den man als charmant, gutaussehend, souverän und vor allem sympathisch wahrnahm, bevor man seine Launen außerhalb der Öffentlichkeit kennen lernte. Man hatte sie später vor ihm gewarnt. Denn im Umgang mit seiner Equipe musste er sich – vornehm gesprochen – als recht egozentrisch erwiesen haben.

Aber mit ihr war er immer anders. Auch wenn er sonst ein egoistischer Fatzke sein mochte, bei ihr nie. Das machte es ihr manchmal schwer. Wenn sie zufällig Zeuge dieser düsteren Seite an ihm im Umgang mit anderen werden musste, fürchtete sie sich insgeheim immer ein wenig. Unfreiwillig stellte sie sich vor, was geschehen würde, wenn sie sich einmal gegen ihn stellte. Aber auch diese etwas dunkle Seite von ihm hatte sie stets fasziniert. Nur nett sein war schließlich auch keine Alternative. Außerdem konnten sie beide mindestens ebenso leidenschaftlich küssen wie feiern. Und das verband sie. Über Jahre. Ihre Zweisamkeit hinderte sie nicht an Verbindungen zu anderen, nur mit einer Ausnahme: Ihrem Kennenlern-Ritual. Da durfte niemand stören. Andere Familien hatten andere Rituale. Die einen aßen stets sonntagsabends das gleiche Menü vom Schnellimbiss bei der *Lindenstraße*, die nächsten bestanden auf dem morgendlichen Sonntagsspaziergang, wieder andere pflückten gemeinsam die jährliche Apfelernte und kochten nachher zusammen einen Lebensvorrat an Apfelmus. Sie hielten es eben anders. Kaffee, Kölsch, Strüßche, Bützje und dann der Revival-Sex. Genauso, wie sie es damals beim ersten Mal getan hatten, gleich nach dem Rathaussturm, gleich eine Straße weiter in der Wohnung einer Bekannten. Okay, bei der Wahl der Location waren sie über die Jahre nicht authentisch geblieben. Leider stand da ja kein Hotel. Und heute würde es albern rüberkommen, bei Fremden zu klingeln, um Einlass in das ehemalige Schlafgemach von Jutta zu erbitten. Immer noch stellten sie sich an jenen Tagen die Frage, ob Jutta eine Ahnung davon hatte, was damals in ihrem Wasserbett gelaufen war. Wie sie „Müllemer Böötche" trällernd Schiffe versenken gespielt hatten.

Aber auf jeden Fall bewahrten sie sich diese Zeit für sich. In den ersten

Jahren glaubten sie auch, dabei nichts zu verpassen. Schließlich hatten sie zum Glück ein eigenes Zuhause und kannten den Sturm auf das Rathaus nun mehr als genug. Sie hatten ihn zu oft mitgemacht, so dass sie diesen besonderen Tag zu Gunsten eines besonders gewordenen Ereignisses auch mal ein wenig später anfangen lassen konnten. Und was das Beste an jener Begehensweise dieser besonderen Begehrensweise war: Beide hatten anschließend für anderes den Kopf frei. Herrlich erleichtert, beschwingt und frei von Altlasten gingen sie dann hinein in den Tag, um den wahren Karneval zu feiern. Also Biertrinken, quatschen, feiern, tanzen. Leider war mit den Jahren der wachsenden gesellschaftlichen Verpflichtungen ihre liebgewonnene Tradition ein wenig ins Hintertreffen geraten. Ihre beidseitige Umtriebigkeit hatte vor allem zu einem geführt, nämlich zu einer Art zweisamen Einsamkeit. Wenn sie früher zusammen gegangen und zusammen wiedergekommen waren, so gingen sie heute allenfalls noch zusammen und trafen später irgendwann wieder aufeinander.

Nur heute war etwas anders, als sie ihn jetzt näher betrachtete. Die sonst in Vereinsfarben gehaltene Röte seines Gesichts war verschwunden und einer, um im Bild zu bleiben, Art von Spitzenhöschenblässe gewichen. Nur der leichte Blauschimmer passte nicht ganz zur Vereinsehre und schon gar nicht zur Uniformordnung. Auch der Prinzenorden war für ihren Geschmack etwas zu eng um den Hals. Sie schluckte. Sie hatte seine Affinität zu diesen Dingern schon immer gehasst, klapperte er doch stets wie eine Almkuh, wenn er das Haus verließ, weil er ja mehrere davon um den Hals zu tragen hatte, für den Fall, einem Repräsentanten der verleihenden Gesellschaft zu begegnen. Sie hatte aber stets akzeptiert, dass er daran hing. Bis heute. Denn, und das erkannte sie jetzt erst: Er hing nicht nur in gesellschaftlichem Sinne daran, sondern hatte sich daran erhängt.

Oh, nein! Das konnte nicht, durfte nicht wahr sein! Sie schloss die Augen und hob schützend die Hände davor, als würde Wegschauen die Situation erträglicher machen. Bei schlimmen Filmszenen hatte sie immer ihrem Sohn die Hände vor die Augen gehalten. Aber so oft sie auch die Augen wieder öffnete und schloss, die Finger spreizte, um einen kleinen Blick auf ihn zu erhaschen, es wurde nicht besser. Er blieb immer noch reglos an der Heizung vor ihr hängen. Sie reagierte instinktiv, hatte sie doch schon tausendfach Besoffenen durch das beherzte Durchtrennen so mancher Krawatte wieder Luft zum Atmen verschafft. Jahrelange Corpserfahrung schult eben. Sie holte eine Schere, durchtrennte die Ordensschnur, schlug ihn, schüttelte ihn, schrie ihn an. Doch ihrer völlig irrwitzigen Hoffnung zum Trotz erntete sie keine Reaktion. Kein Hüsteln, Röcheln, Keuchen. Von ihr aus hätte er sich auch übergeben können, Hauptsache ein Lebenszeichen. Stattdessen sackte er ohne den mit der Heizung verbindenden Orden nur leblos einige Zentimeter tiefer zu Boden.

Josi blickte auf ihn wie jemand, der gerade einen Hund auf der Landstraße überfahren hat, neben ihm kauert und hofft, dass er wieder aufwacht. Wie eine Frau, an deren Tür die Kripo und ein Seelsorger klopfen, und die dennoch hofft, sie könnten sich nur in der Tür geirrt haben.

Sie konnte sich später nicht erinnern, wie lange sie auf diese Weise ungläubig vor ihm gekauert hatte. Dann aber rückte sie mehr instinktiv als bewusst liebevoll Hans' Päffchen gerade, richtete seine Locken, zupfte das eine oder andere Haar von seiner Uniform – rotes Haar, wie sie beiläufig feststellte. Dann drehte sie beherzt die richtige Seite des Ordens wieder nach vorn. Dass es ausgerechnet ihrem Mann passiert sein sollte, den Orden in seinem letzten Kampf mit dem Heizkörper umzudrehen, so dass nur die goldene, aber schmucklose Rückseite zu sehen war statt der strassverzierten Oberseite mit dem Konterfei des Prinzen, ließ ihren Atem ein zweites Mal stocken. Das bitte nicht am Ende seines letzten Auftritts! Schließlich sollte ihr Mann – nicht einmal im Tode – bereits an Weiberfastnacht die Aschermittwochstrauer umhängen haben.

***

Josi fasste sich wieder. Nachdem sie Hans wieder ansatzweise in die rechte Verfassung gebracht und seine äußere Erscheinung den Vereinsstatuten angepasst hatte, blickte sie um sich. Hätte sie es bloß gelassen, auf den Küchentisch zu schauen, dachte sie sich im Nachhinein. Aber sie hatte es eben nicht gelassen. Da, gleich neben dem Leichnam lag der Pajass des Prinzen. Des amtierenden Prinzen. Der war ein Unikat. Unverwechselbar. Wie zum Teufel war der hierhergekommen? Und neben diesem Zepter, der Insignie der Macht, was lag da? Ein Zettel auf dem Küchentisch. Sie griff danach und las.

Ihre Hand ging reflexartig zur Brusttasche und ihren Kippen. Doch bevor sie sich die Zigarette anzündete, musste sie erst noch etwas erledigen. Sie ging zum Telefon und wählte Willis Nummer.

„Willi? Ich bin's, Josi." Laute Umgebungsgeräusche drangen an ihr Ohr. Ein Wunder, dass sie ihn überhaupt erreicht hatte. „Niemals geht man so ganz", glaubte sie im Hintergrund zu hören. Oder drehte sie jetzt schon durch? Sie hörte Willi im Stakkato Fragen stellen. Schlechte Verbindung.

„Ja ja, bin schon zu Hause ... Nein, leider wieder nüchtern. War keine Absicht ... Ja, der hat auch nach Hause gefunden." Er hat sogar eine noch weitere Reise angetreten, dachte sie insgeheim. „Darum geht es ja eben, Willi. Wie? Du hast ihn eben noch verabschiedet? Ach, der Jupp hat ihn nach Hause gebracht?!" Der nächste Schreck fuhr ihr in die Glieder. „Jupp!?" Komisch, den hatte sie eben auch noch gesehen, dachte Josi. Irgendwo am Ortseingang hatte er gestanden und sie mit einem seltsamen Lächeln gegrüßt. Sonst war er doch immer in der Innenstadt auf Verkaufstour.

„Ja, kann ich mir denken, dass der voll war wie ein Treteimer", setzte sie das Gespräch fort. „Nein, ich weiß noch nicht, ob ich zum Fischessen komme. Ist mir egal, ob ich mich anmelden muss. Ich denke doch heute noch nicht ans Fischessen…"

Als wäre das alles nicht schon schlimm genug! Ihre Kehle war trocken. Der Genuss des letzten Kölschs schien auf einmal Jahre zurückzuliegen. Und das nächste würde, das ließ die Situation jetzt schon erahnen, noch lange auf sich warten lassen.

„Josi, biss de noch draan? Küss de nu zom Fischesse, Liebelein?", tönte es aus dem Hörer, wie immer von Willi gewohnt sehr rheinisch, aber endlich verständlich. Offensichtlich hatte Willi ihrem Anruf die nötige Wichtigkeit beigemessen und endlich das Zeughaus verlassen, um in netzfreundlicher Umgebung weiterzureden.

„Fischessen?", wiederholte sie, nachdem sie wieder vollen Empfang hatten. Ihr schwante so langsam, dass dies hier der Anfang eines einsamen, lebenslangen Fischessens werden könnte. Das kam für sie der Todesstrafe gleich. Neben dem Geschmack von halbverdautem Kölsch kam ihr jetzt auch noch der Geschmack vom Aschermittwochshering die Kehle hochgeschwommen, nicht ohne einen Würgereiz zu hinterlassen. Sie musste Klartext reden. „Willi, nein. Lass die Fische im Wasser. Ich brauch deine Hilfe. Ruf die Infanterie, am besten gleich auch die Kavallerie, vergiss den Corpsdoktor nicht. Holland in Not. Alarmstufe Rot!"
Willi schien ihre Angst und Panik zu erkennen. Ob es am Klang ihrer Stimme lag, oder ob Willi tatsächlich so etwas wie gesunden Menschenverstand hatte? Ihr Notruf war aber angekommen. Und so hatte sie mit diesem Anruf eine Naturgewalt in Bewegung gesetzt. Eine Naturgewalt, die nur das Rheinland kennt: Den geballten rheinischen Frohsinn auf dem weißen Pferd in Rettungsmission.

Uniformierte Rettung

Willi stand wie vom Donner gerührt da. Der kalte Angstschweiß lief ihm den Nacken hinunter. Etwas Schlimmes musste geschehen sein. Schlagartig war er nach dem Telefonat wieder nüchtern geworden. „Holland in Not" hatte einiges zu bedeuten. Es war ein Code, den sie mal ausgemacht hatten, er, Hans und die anderen. Dass auch Josi ihn kannte! Er hörte auf, sich zu wundern und wurde stattdessen aktiv. Der ängstliche Unterton in ihrer Stimme war ihm nicht verborgen geblieben. Dafür kannte er sie zu gut. Er wusste zwar, dass diese unfreiwillige Unterbrechung seines gewohnten Karnevalsrhythmus ihn teuer zu stehen kommen würde: Schließlich hatte er seit den Morgenstunden stets gegen den Alkoholabbau angekämpft, um den mühsam während der letzten Tage angetrunkenen Zustand nicht zu gefährden und durch stete, aber kontrollierte Kölschzufuhr seinen Promillegehalt nicht unter 2,0 Promille absinken zu lassen. Und jetzt, da er Pause machen musste, drohte er wegen urplötzlicher Unterhopfung in eine Art Schockstarre zu verfallen. Schier unendliche Mengen an Geld umsonst in Kölsch investiert! Dennoch tat er, worum Josi ihn gebeten hatte und rief den internen Kreis zusammen, der den gleichen Gedanken gehabt haben mochte, aber ebenso wie er einem Pflichtgefühl nachging.

***

Alle waren schlecht gelaunt und genervt, als sie etwa 90 Minuten später mit einem unguten Gefühl im Bauch vor Hans' und Josis Haustür standen. Und das wurde nicht gerade besser, als ihnen Kai, Hans' und Josis Sohn, die Tür öffnete.

Kai empfing sie mit seinem gewohnt starren, debilen Blick aus seinen fast durchsichtig glasig-blauen, unheimlichen Augen. Schlimmer könnte er selbst nach 3,0 Promille nicht schauen, dachte Willi. Das Traurige an diesem Anblick ließ Willi erneut rund 20 Glas Kölsch quitt machen. Nicht, weil er Mitleid mit Kai gehabt hätte. Kais Augen übertrafen mit ihrer Boshaftigkeit und ihrem Wahnsinn problemlos die des Klaus Kinski. Dank dieser Optik hätte er eine vielversprechende Karriere auf Pützchens Markt auf der Geisterbahn oder als Rausschmeißer im Bayernzelt machen können. Neben diesen Augen war das auffälligste an ihm sein rotes, borstiges Haar. Zumindest auf dem Kopf. Ansonsten hatte er für einen Mann von Mitte zwanzig einen erstaunlich minderbemittelt ausgeprägten Bartwuchs.

Kais Scheußlichkeit allein schreckte Willi aber nicht. Auch mit hässlichen Menschen konnte man schließlich ein gepflegtes Bier trinken. Was ihn unangenehm berührte, war, dass sich ganz weit hinter diesem wirren Blick auch ein Hauch der Schönheit und Wärme der Augen seiner Mutter verbarg. Nur lachten diese Augen nicht. Sie lachten nie. Wie jedes Mal, wenn er Kai sah, durchzuckte es ihn und er versuchte, ihn nach Möglichkeit nicht genauer anzuschauen. Er fragte sich unwillkürlich, ob ein gemeinsamer Sohn von ihm und Josi das gleiche Schicksal zu tragen gehabt hätte. Hätte ihr Sohn so ausgesehen? Oder war er es sogar? Lastete auf ihm vielleicht der böse Fluch der Untreue, die er und seine Mutter zweifellos begangen hatten? Verflucht von Mutter Naturs boshaftester Seite? Da kam sie wieder hoch in ihm, seine Kindheit in der Eifel. Konservativ, konservativer, Eifel, Corps. Tolle Karriere. Er fühlte den Todeshauch seiner Großmutter über sich ziehen. Sie hatte stets prophezeit: Wer die Gefahr liebt, kommt darin um. Und für seine Großmutter war auch Leidenschaft nichts anderes gewesen als Teufelswerk und Gefahr. Einen Bastard zu zeugen war in der Eifel mit Höchststrafe bedacht. So ein Kind war gezeichnet vom Teufelsmal. Das hatte er verinnerlicht. Ganz gleich, was ihm der Verstand sagte oder die moderne Welt an Lösungen in Sachen „Patchwork" und freier Liebe bereithielt, er fühlte sich immer als Sünder, wenn er Kai ansah.

Noch bevor er seinen düsteren Ahnungen, über die er noch nie gesprochen hatte, weiter freien Lauf lassen konnte, begrüßte Kai sie. Sein Ton war ebenso klirrend kalt wie seine Augen. So verhuscht er sonst auch war, in einer Sache war er von erstaunlicher Klarheit: In seiner Sprache. Egal, welche Boshaftigkeiten er von sich gab, es geschah immer in Reimform. So auch diesmal:

> *„Der Himmel rot, Vater tot.*
> *Blauer Fleck, Leben weg.*
> *Ich gereizt, Vater verheizt.*
> *Die Hölle wartet."*

Mussten sie jetzt die Folgen eines Blutrausches vernichten? Oder was war der Grund ihres Besuchs hier? Willi schüttelte sich. Aber auch die anderen Teilnehmer dieser Rettungsschwadron in Uniform standen angesichts dieser mehr als unheimlichen Begrüßung zunächst stockstill da. Mit einem Grummeln im Bauch traten sie dennoch ein. Ein Feldzug ist schließlich nicht immer ein Vergnügen. Die Pflicht rief.

Als erster trat Karl Heinz ein. Er führte das gut kölschmäßig parat jemaate Volk an: Oberstleutnant im Generalstab, Karl Heinz Tibold, auch genannt „der Abwaschbare". Dieser geheime Spitzname kam nicht von ungefähr, sondern, weil er es geschafft hatte, aus jedem Skandal der vergangenen 30 Jahre stets unbescholten herauszukommen. Gut, einige andere Köpfe hatte man der Guillotine der Presse oder der Staatsanwaltschaft opfern müssen. Aber er hatte seinen Kopf vor dem scharfen Schwert der Gerechtigkeit immer retten können. Intern wusste man jedoch immer, dass auch er Dreck am Stecken hatte. Es konnte gar nicht sein, dass er von all dem, was unter seiner Führung gelaufen war, nichts gewusst hatte. Er blieb aber immer, wenn es darum ging, die Kohlen aus dem Feuer zu holen, im Hintergrund und keiner hatte ihm je etwas nachweisen können. Eine glückliche Fügung, dass im Verein, ganz anders als in Politik und Verwaltung, das meiste ohne Schriftlichkeit an der Theke ausgemacht wurde. Zwischen dem zwölften und dem zwanzigsten Kölsch. Und so geisterte Karl Heinz durch die Skandale wie ein Phantom durch die Oper und schaffte es, stets sauber genug zu bleiben, dass er sich im Amt halten konnte. Aber natürlich war es keine Weißheit, sondern eine Wahrheit, dass nichts sauber zu machen war, ohne etwas andres dreckig zu machen. Und so war er für seine Mitstreiter eben nicht der unantastbare „Reine", sondern der „Abwaschbare".

Sein Beruf war Schrotthändler, seine Berufung der Karneval. Den Betrieb hatte er von seinem Vater übernommen, als dieser überraschend und viel zu früh verstorben war. Sein Traum war das damals nicht gewesen, hatte er doch mit ansehnlichem Erfolg Architektur studiert. Dennoch hatte er das Unternehmen zu einem der erfolgreichsten seiner Branche gemacht. Liebevoll hatte er ihm den Namen „Schrottibo – Schrott-Tibold-Bonn" gegeben.

Karl Heinz war rangmäßig der Höchste dieser Runde. (Seinem persönlichen Empfinden nach natürlich nicht nur in dieser Runde.) Was ihn zumindest optisch im besonderem Maße ausmachte, war, dass ihn das seltene Glück getroffen hatte, sich im Laufe der Jahre mehr und mehr dem Vereinsmaskottchen, dem *Knöles*, angepasst zu haben. Als er vor gefühlten 100 Jahren in die Kommandantur eingetreten war, hatte es das Vereinsmaskottchen längst gegeben. Es war nicht neu, dass sich Pärchen im Laufe der Jahre einander mehr und mehr ähnelten. Wie man es aber schaffte, zum Zwilling einer gezeichneten Figur zu werden, die seit Jahren unverändert geblieben war, ohne Schminke und ähnliche Hilfsmittel, war sicherlich ein vom Karneval hervorgerufenes Naturphänomen und konnte nur damit erklärt werden, dass die totale Verschmelzung von Verein und eigener Identität letztere zurückstecken hieß. Aber vielleicht war es auch eine Art optischer Täuschung, weil man beide, Knöles und Kommandant, immer nur zusammen sah.

Ihm folgte um den gebotenen halben Schritt Abstand sein Adjutant, wie immer fast noch akkurater als der Präsident – selbst an Weiberfastnacht noch voll im Lack und ein Vorbild rheinisch-preußischer Heiterkeit: Stefan Emmerich. Diese beiden trennten sich nie, um nicht zu sagen, der eine hing wie ein Schatten an dem anderen. Das war natürlich kein Selbstzweck. Stefan, ebenfalls seit Jahrzehnten als Adjutant am Start, kannte in Bonn jeden und jede. Er wusste alles: Wer noch einen Orden bekommen sollte, seinen bereits hatte oder sein Recht darauf verwirkt hatte. Aus welchen Gründen auch immer: Weil er die Kommandantengattin blöd angemacht hatte oder – was noch schlimmer war – versucht hatte, den Orden gewinnbringend bei eBay zu versteigern. Stefan verfügte über ein beträchtliches Feingefühl, wenn es darum ging, die eine oder andere Dame, die man für die Partnerin des vermeintlich ordenswürdigen und verdienten Karnevalisten halten konnte, nicht sofort mit dem Damenorden des Corps auszuzeichnen. Denn im Gegensatz zu vielen hatte er ein Gespür für die dringend abzuschätzende Frage, ob es sich bei dem weiblichen Gegenüber gerade um die Eine handelte, oder man es gar mit einer Interimslösung zu tun hatte. Nicht auszudenken, jeder dieser weiblichen Karnevalsferienvertretungen würde der Damenorden übergeben! Dann könnte man sie doch gleich im Zug werfen. Natürlich nicht die Damen, sondern die Orden! Aber Stefan hatte auch andere Qualitäten, insbesondere, wenn es galt, sich geschickt auf einem Foto für die Presse zu positionieren. Auch das musste gekonnt sein. Will heißen: Gerade so viel Raum einzunehmen, dass kein anderer mehr neben ihm und dem Kommandanten auf das Foto passte, aber doch so bescheiden dabei zu wirken, dass man nicht allzu offensichtlich als pressegeil dastünde.

Der Dritte im Gefolge war Dr. Marius Demeter, Leibarzt des Prinzen und der Garde, seines Zeichens Corpsdoktor. Und zur Abwechslung nicht nur im Karneval Meister seines Faches als Orthopäde. Gut, auch er hatte seine Schwächen: Egal, wohin der Patient zeigte, wenn er angab: „He deit et wieh un do deit et wieh", kontrollierte Marius trotz seiner eigentlichen ärztlichen Fachrichtung immer zunächst den kieferorthopädischen Status seiner Patienten. Außerdem unterzog er sie immer gerne einer Art chinesischer Zungendiagnostik. Man musste ja auch als Mediziner über den Tellerrand schauen. Er traute sich aber nicht, das offiziell abzurechnen, weil er dieser Form der Diagnose als Schulmediziner doch nicht so ganz vertrauen wollte. Nur, der Glaube starb ja bekanntermaßen zuletzt. Und wenn er sich darüber wider Erwarten einmal als Wunderheiler profilieren sollte, was schadete es schon? Die Wenigsten machten sich Gedanken darüber, welch fatale Folgen selbst das schlecht sitzende Gebiss eines 90-Jährigen für dessen Körperhaltung haben konnte. Schlimm – auch für das formgerechte Anpassen von Einlegesohlen. Auch, wenn Marius dafür oftmals müde belächelt wurde, war er ein guter Arzt, der es genoss, an den Karnevalszügen als Corpsdoktor teilzunehmen. Er gehörte damit zu den wenigen seiner Kameraden, die im Karneval nicht mehr darstellten als im normalen Leben. Er war gerne Arzt, Arzt aus Leidenschaft. Marius war in allem ein wahrer Überzeugungstäter, ein unauffälliger, aber leidenschaftlicher Mensch. Und wegen seiner gleich getakteten Leidenschaften gehörte er zu den wenigen Privilegierten, die im Karneval keine fremde Rolle annehmen mussten. Er wollte seine eigene Identität nur ein wenig auf die Schippe nehmen.

Und esu stunte se all do, Willi und der Rest des harten Kerns, Josis letzte Hoffnung in der Zeit der Not.

***

Etwa zur gleichen Zeit befand sich Brezel-Jupp auf dem Highway to hell: von Bonn nach Remagen, wo er wohnte, die B9 entlang. Jeder dachte, er würde in Bonn am Friedensplatz in einer kleinen Wohnung leben. Oben an der Ecke im Turm. Steuergünstig. Auf Staatskosten also. Aber wenn keiner zuschaute, stieg er in seinen Audi A 6. Okay, es war kein

Porsche, aber doch mehr Auto, als man einem Brezelverkäufer zugetraut hätte. Den parkte er stets etwas außerhalb auf einen Park and Ride-Platz, damit nur ja keiner seiner Kunden ihn in diesem Auto sehen konnte. Wer würde schon Brezeln bei ihm kaufen, mitleidig und gönnerhaft lächelnd, für überzogene 2,50 Euro das Stück, in dem Wissen, wie gut er daran verdiente? Das Geheimnis seines unbekannten Reichtums lag natürlich nicht allein in seinem Verkaufsgeschick. Er hatte schon sparen müssen und sich in seiner Lebensführung ein wenig zurückgehalten. Seit damals. Er hatte immer für alles und jedes Fixpreise ausgemacht. Vorher verhandelt. Das hatte er schon in seiner Zeit als Musikstudent gelernt, als er noch nebenher Taxi gefahren war und man den Taxameter noch anhalten konnte und nebenbei – vor allem vorbei an Arbeitgeber und Steuer – die eine oder andere Tour hatte machen können. Auf genau diese Art regelte er sein Leben. Und sparte, wo es eben ging. Beim Taxi ebenso wie bei seinen kommerziellen Liebschaften und den anderen Dingen, die ihm das Leben leichter und lebenswerter machten. Er wollte eben nicht auch noch im Alter nur kleine Brötchen backen und hatte sich für das Leben „jetzt" einiges auf die Seite legen können. Er kannte genug andere Schicksale. Und er dankte Gott insgeheim dafür, dass sein Lebensinstinkt ausgeprägter war als bei vielen anderen. Andere, denen er jetzt half. „Highway to hell" schallte es in seinem Kopf. War er jetzt schon da? Der Hans? War Hans im Hades angekommen? War er tatsächlich tot? Er konnte es nur hoffen. Dass er noch lebend an seinem Elend klebte, wollte Jupp sich auch für ihn nicht wünschen. Er hatte das Seinige dafür getan. Genug getan. Etwas gelassen. Von schlechtem Gewissen geplagt sagte Jupp sich, dass Hans ihn schließlich tausendmal betrogen hatte.

Rheinland in Not

„Josi, Geheimcode angekommen. Herzchen, wat iss loss? Liebelein? Wie luurs du denn?", polterte es aus Willi, dem aufgebrachtesten dieser illustren Truppe heraus. Als sie endlich im Wohnzimmer angekommen waren, in dem Josi auf dem Sofa kauerte, wollte er sie gerade in seiner rheinisch-herzlichen Art in die Arme nehmen. Ihre nächsten Worte ließen ihn aber innehalten.

„Vorbei, vorbei. Am Aschermittwoch ist alles vorbei…", sagte sie leise, mit einem Anflug von Panik in der Stimme. Sie klang beinahe so irre wie Kai.

„Das ist nicht wirklich neu, dass es am Aschermittwoch vorbei ist. Mit dieser traurigen Wahrheit leben wir – selbst die ohne Uniform – seit Jahren und schaffen es doch immer wieder, uns damit abzufinden. Auch, wenn es schwer ist." Marius sah ihr ins Gesicht und wusste, dass er genau daneben getroffen hatte. Das Kölsch hatte auch seine Empathie ein wenig schwinden lassen. Dennoch fuhr er unbeholfen fort, als könnte er mit Sachlichkeit das komische Gefühl in seinem Bauch beruhigen: „Und, wenn ich mir diesen Kommentar erlauben darf, ich bin da auch ganz dankbar drum. Schließlich verdiene ich nicht an Leberzirrhosen, sondern an kaputten Knochen. Wenn sich alle tot trinken, bevor sie zu mir kommen, bekomme ich auch meine Probleme. Was glaubst du, was bei mir los wäre, würden die das ganze Jahre nichts anderes machen? Es gibt eben Dinge, mit denen muss man sich abfinden. Wie mit dem bösen Mittwoch mit „A" am Anfang. Oder willst du, Stefan, etwa das ganze Jahr den Adjutanten spielen und Uniform tragen?" Marius hatte ein so schlechtes Gefühl, dass er lieber Nebenkriegsschauplätze eröffnen als sich der akuten Schlacht stellen wollte. Stefan stieg erwartungsgemäß darauf ein, war aber eigentlich nicht auf eine solche Frage vorbereitet und stotterte nur wenig pressetauglich: „Naja, wenn du mich so fragst. Ich hätte da so eine Idee mit einem Dispens für … Und die Uniform kleidet ja schon gut. Wenn ich da an meine Arbeitskleidung denke …"

„Stefan, das ist ja jetzt wohl nicht dein Ernst!", unterbrach ihn der Doc. An Stefans plötzlicher Verlegenheit erkannte er, dass dieser sich darüber tatsächlich schon Gedanken gemacht hatte. Er ließ es dabei bewenden und stellte sich nun widerwillig dem befürchteten Gespräch mit Josi. Nach ihrem Aussehen konnte kaum etwas Positives auf sie warten. „Lassen wir das. Egal, welchen Kummer du wegen des drohenden Aschermittwochs hast, jedenfalls ist das kein Grund, uns schon an Weiberfastnacht aus allem rauszureißen. Also, was ist hier los?"

„Ich wäre nicht ich, würde ich euch wegen einer unbedeutenden Kleinigkeit vom Feiern abhalten." Sie fuhr sich mit der Hand über die Haare und fuhr dann ungewohnt nüchtern fort: „Hans ist tot, liegt oben. Hat sich an der Heizung da drüben erhängt. Damit kann man ja erstmal leben. Also, ich zumindest, ihr wohl auch, er nur eben weniger. Aber lassen wir das. Er hat etwas hinterlassen. Also, schriftlich."

Während Josi sich offenbar gefasst hatte, fuhr jetzt den Umstehenden der Schock in die Glieder. Der Doc war es, der als erster wieder Worte fand: „Bitte noch mal langsam, Josi. Was hast du gesagt? Hans ist tot?! Bist du sicher?"

Sie funkelte ihn wütend an. Hastig stammelte er: „Entschuldigung, wollte eigentlich sagen: Das kann doch nicht wahr sein! Wir haben doch eben noch zusammen ..." Aber als er ihren traurigen, aber festen Blick sah, begriff er, dass er sich nicht verhört hatte. „Können wir wirklich nichts mehr für ihn tun? Vielleicht ..."

„Nein, Marius. Er ist tot. Hans ist wirklich tot. Und zwing mich bitte nicht, das noch mal auszusprechen, nur weil du es nicht wahrhaben willst. Lasst uns weitermachen. Es gibt da noch ein paar andere Kleinigkeiten, über die wir sprechen müssen."

Marius traute ein weiteres Mal seinen Ohren kaum. Er wollte aufstehen, sie in den Arm nehmen, ihr über den Kopf streicheln, sie trösten. Aber er wagte es nicht. Sie stand da vor ihnen und donnerte ihnen in zwei Sätzen vor den Kopf, dass ihr Vereinskamerad und langjähriger Freund frisch verstorben war. Und das ohne Nervenzusammenbruch, Heulkrampf oder Hysterie. Er wusste nicht, was er schlimmer fand: Dass Hans tot war oder dass seine Witwe so leidenschaftslos reagierte. Sie hatte diese Todesnachricht etwa so emotional überbracht, wie ihr Schatzmeister den Rechenschaftsbericht über die Ein- und Ausgaben des Corps bei ihrer jährlichen Mitgliederversammlung vorlas. Streng genommen war der dabei sogar meist bewegter und musste ab und an nach einem verregneten Pützchens Markt wenigstens ein paar Krokodilstränen aus den Augen pressen. Aber Josi!? Er verbarg sein Gesicht in den Händen. Wenn Josi als Hans' Frau die Nachricht von seinem Tod einfach so wegstecken konnte, er konnte es nicht. „Es tut mir leid, ich brauche mal ein paar Minuten an der frischen Luft", sagte er und ging zur Terrassentür hinaus.

Die anderen blickten konsterniert zu Josi. Willi ergriff als nächster unbeholfen das Wort und stotterte: „Josi, ich … ich will, dass du weißt … Ich … Wir … sind für dich da."
„Danke, Willi."
Stefan hatte Josi die ganze Zeit gemustert, konnte sich aber kein so rechtes Bild davon machen, was hier gerade Seltsames geschah. Die ganze Situation war irgendwie absurd. „Josi, keine Angst. Er bekommt natürlich ein Corpsbegräbnis mit allem Drum und Dran. Wir kriegen sicher auch die Höhner für den Trauermarsch. Und von dem Stoff für den Trauerflor in Vereinsfarben haben wir zum Glück auch noch reichlich."
„Verdammt Stefan, sehe ich so aus, als würde mich das interessieren?"
Das tat sie, wenn man ehrlich war, wirklich nicht. Aber Stefan hatte es nur gut gemeint. Aus seiner Sicht gab es nichts Selbstverständlicheres, als hieran zuerst zu denken. Aber manchmal ist der gute Wille eben doch der Fluch der guten Tat.
Der Kommandant resümierte gewohnt knapp: „Jungs, hier ist noch was anderes im Busch. Holt unser Weichei rein. Ich glaube, wir sollten Josi jetzt zuhören. An Hans' Tod können wir wohl nichts mehr ändern. Und zum Trauern haben wir schließlich noch den Rest unserer Tage Zeit."
Josi dankte Karl Heinz mit einem stummen Nicken. Als alle wieder Platz genommen hatten, reichte sie Stefan einen Zettel. „Wir haben schon lange genug rumgetrödelt. Und wenn ihr das gelesen habt, wirf du mir noch einmal vor, ich hätte euch zu Unrecht belästigt, Doc! Da, lest selbst!"

Das Vermächtnis

Sie reichte Stefan den Zettel vom Küchentisch.
„Das Vermächtnis", begann er vorzulesen.

> „Hallo Kameraden,
> meine Frau hat euch geladen.
> Ich bin von euch gegangen
> und hatte ein Verlangen.
> Das Lied, das den Verein jung hält,
> kam nicht durch uns in diese Welt.
> Wie soll der Nachwuchs leben,
> ohne die Tantiemen?
>
> Ich konnte nicht so weitermachen,
> das Ganze war nicht mehr zum Lachen.
> Als einer mich nach Haus gebracht,
> eben war es dunkle Nacht,
> wurde mir die Sache klar:
> Er Komponist und Texter war.
> Auch, wenn es um Millionen geht,
> ich hoffe, dass ihr mich versteht.
>
> Un Aufjab eens für üch
> litt nevve däm Pajass op däm Desch.
> Ihr müsst euch nun überwinden,
> den Prinzen schnell zu finden.
> Helfen kann Prinz Hans Nummer zwei.
> Wo ihr diesen findet, weiß nur Kai.
> Doch Kai wird es erst sagen,
> wenn Bonnas sich um ihn scharen.
> Er möchte, dass eine sich ihm offenbart,
> und das komplett mit und ohne Ornat.
> Wird er seine Neigung leben,
> das Versteck vom Prinz preisgeben.

Der Prinz allein weiß, wie es weitergeht.
In seinen Händen eine Nachricht fleht.
Für seinen Prinzenlohn
bringt ihr ihn mit Anstand zurück auf den Thron.
So gebt ihm Ruhm und Ehr zurück,
mit dem Pajass,
seinem besten Stück.

Und wenn die Botschaft euch umsonst anfleht,
ihr das Rätsel nicht bis Aschermittwoch angeht,
ist das Geld ‚Vom Winde verweht.'"

Der Depp

Als sie noch mit offenen Mündern dastanden und um Worte rangen, klingelte es erneut an der Tür. Kai kam mit militärisch akkuraten Schritten aus seinem Zimmer durch den langen Flur in Richtung Haustüre marschiert, nicht ohne:

„Der Himmel rot, Vater tot.
Blauer Fleck, Leben weg.
Ich gereizt, Vater verheizt.
Die Hölle wartet."

ein weiteres Mal zum Besten zu geben. Hohl grinsend. Wie immer. Er hatte in dieser für alle so prekären Lage seinen einzigen Freund angerufen. Und so stand zu Josis offensichtlichem Missfallen nun der einem Rebellenführer ähnelnde und wie Kai leicht zurückgebliebene Monsterrocker Frank D. Gragowski vor ihnen. Wenn dieser 180 Kilo-Mann im Türrahmen stand, wurde es dunkel und windstill im Raum. Seine meist ungepflegten fettigen Haare hingen im Sommer über die zum Teil selbst gestochenen Tätowierungen an den unangenehm herabhängenden Fett-massen seiner Oberarme herab, wie alle wussten. Er trug im Sommer einfach immer nur Netz- oder Feinrippunterhemden. Die Übergänge von Haut zu Stoff waren wegen dem ausgeprägten Haarwuchs fast un-kenntlich. Heute war es zum Glück so kalt draußen, dass er in Leder-jacke und Heavy Metal-Kutte, die mit Plakets, also dem Heavy Metal-Pendant zum Karnevalssticker, seiner Haus- und Hofkapelle „Iron Maiden" verziert war, das Haus betrat.

Die Karnevalisten schauten pikiert, als Frank den Raum des Totenbera-tungskommitees betrat.

„Tach, Frau Josi!" Frank musterte die Herren der Schöpfung mit sei-nem karnevalsverachtenden Blick und grüßte mit „Ah, ihr Fijure, hätt de Mam üch fing jemaat?" locker in die Runde.

Josi war Franks Auftreten sichtlich peinlich. Aber er war nun mal der Einzige, der sich ihres Kais annahm. Josi erklärte kurz, dass Frank und Kai sich 2009 in der sozialen Einrichtung „Vom Winde verweht" ken-nengelernt hätten, einem Verein, der es sich zur Aufgabe gemacht hatte, unglückliche Menschen, die ihre lokale Identität verloren hatten, in hei-matliche Verbundenheit zurückzuführen. Frank war dort Zivildienstleis-tender gewesen und hatte Kai dort sehr zum Schrecken ihrer Ohren für seine Heavy Metal-Musik gewonnen. So wunderten sie sich alle wenig, als fünf Minuten später brachialer Lärm der neuesten Metallica-CD aus dem Zimmer am Ende des langen Flures schallte, was den vier Unifor-mierten das restliche „Rumtata- und Karnevalsfeiergefühl" kompromiss-los vermieste. Aber egal, Hauptsache, sie hatten die zwei aus den Füßen.

Nach dieser kleinen Unterbrechung war es Josi, die als erste wieder zur Sache kam: „Ich will nicht, dass das rauskommt. Jedenfalls noch nicht. Ich rede jetzt natürlich von Hans' Tod. Das andere sowieso nicht, aber das versteht sich ja von selbst. Und schon gar nicht will ich, dass he-rauskommt, wie er sich das Leben genommen hat. An unserem Tag! Zwischen Heizung und Orden. Stellt euch nur mal die Schlagzeilen vor: Noch ein Ex-Prinz, dem das Prinzendasein nicht bekommen ist." Das könnte sie nicht ertragen. „Und Hans," fuhr sie fort „hätte sicher nicht gewollt, dass de bönnsche Fastelovend davon überschattet würde. Ich weiß schon, dass das nicht ganz einfach werden wird und dass er zumindest euch schwer in die Pflicht nimmt. Aber ehrlich gesagt, habt ihr das verdient. Ich wisst ja, wovon ich spreche und was Hans meinte. Euch kann es außerdem nur recht sein, wenn das ganze Beerdigungsgedöns keine Zeit kostet. Auch, wenn der Stoff für den Trauerflor schon da ist", meinte sie mit einem bösen Blick in Stefans Richtung. „Wie ich das sehe, habt ihr so oder so genug Stress bis Mittwoch, wenn ihr nicht wollt, dass die Sache auffliegt. Sonst geht nämlich das ganze schöne Geld an den falschen Verein. Also müssen wir sicherstellen, dass niemand von Hans' Tod erfährt."

Nach kurzem Schweigen trafen die Herren der Runde den ersten Entschluss. Erstmal musste Josi aus der Nummer ausgeschlossen werden. Dann konnten sie in aller Ruhe grübeln, wie sie die Karre aus dem Dreck ziehen sollten, ohne dabei den Pfad der Geldbörsen füllenden Tugend zu verlassen. Hierfür konnte man Frauen, insbesondere emotional angeschlagene Frauen, bekanntermaßen nicht gebrauchen. Einer der Gründe, warum sie auch im Karneval nie Spitzenpositionen besetzen würden.

„Josi, Süße, zerbrich dir mal nicht dein hübsches Köpfchen. Mach uns doch erstmal einen Kaffee, wir Männer klären das schon", riet Karl Heinz. Zunächst irritiert, dann folgsam verließ sie wortlos den Raum und waltete ihres ungewohnten Amtes als Kaffeeköchin. Sie stand wohl doch unter Schock, anderenfalls hätte gerade sie sich diese Form der Zurückweisung nicht gefallen lassen.

Josis Geistesgegenwart hatten sie es zu verdanken, dass die Chancen, alles zu vertuschen, gar nicht so schlecht standen. Jede andere hätte die 110 angerufen, Josi stattdessen Willi. Sie erwies sich als pflichtschuldiger gegenüber dem Verein, als man es einer Zivilistin zugetraut hätte. Na, sie hatte in den vergangenen Jahren sicher durch den Mann an ihrer Seite einiges dazugelernt. Der hatte in ihren gemeinsamen Ehejahren ganze Arbeit geleistet. Sie dachten nach. Ein Ass im Ärmel hatten sie immerhin. Sie hatten schließlich einen Doc dabei. Einen echten.

„Mann, wie machen wir das?", fragte Stefan in die Runde. „Wie haben das Rätsel und eine Leiche, die noch gar nicht gestorben sein darf."

„Was bei Leichen streng genommen sehr schwer ist", wie der Doc leichthin einwarf.

„Mann, lass die Korinthenkackerei, du Övverstudierter!", schalt ihn Stefan entrüstet.

„Hört auf mit dem Quatsch. Wir haben andere Sorgen", rief der Kommandant seine Leute zur Räson. „Mach weiter, Stefan."

Beleidigt fuhr dieser fort: „Also, wir haben eine Leiche, von deren Existenz keiner wissen darf. Eine Leiche, von der keiner wissen darf, dass sie durch die eigene Hand zur Leiche wurde."

Damit sprach Stefan ein Problem an, das sich nicht verleugnen ließ: Die Würgemale an Hans' Hals. Egal, wann auch immer Hans einem Bestatter übergeben würde, die würden auffallen. Eine natürliche Todesursache darzustellen, war damit mehr als schwierig. Die hätte kein Bestatter und kein Nicht-Mediziner, dem Hans vor Augen käme, als Knutschfleck gedeutet. Wie also stellte man das als Unfall dar? Noch dazu als einen Unfall, der frühestens Mittwoch geschehen dürfte?

Stefan redete aber sofort aufgeregt weiter: „Wisst ihr was? Wir haben nicht nur das kleine Tantiemen-Problem. Und damit das Problem, unser aller Vermögen zu bewahren."

Ach, was, das hatten wir alle fast vergessen, Herr Oberlehrer!, schoss es Marius durch den Kopf. In Stresssituationen ging ihm Stefans Art auf die Nerven. Stefan machte derweil ungerührt weiter. Stoisches Weiterreden hatte er in seinen zig Jahren als städtischer Beamter in den allwöchentlichen Sitzungen ja nahezu bis zur Perfektion erlernt.

„Josi hat auch ein Problem, das ein wenig das unsere sein sollte. Wenn Hans sich umgebracht hat, geht sie nämlich wegen seiner Lebensversicherung leer aus. Wenn ich mich nicht ganz vertue, zahlt die nicht an die Erben aus, wenn ein Selbstmord vorliegt. Zufällig hat Hans mich dazu vor einiger Zeit um Rat gefragt. Der Selbstmord als solcher wäre auch noch egal, wenn der Vertrag älter als drei Jahre wäre. Wenn ich mich aber richtig erinnere, hat der den aber erst vor knapp zwei Jahren abgeschlossen. Dann zahlen die nur, wenn er sich in einem die ‚Willensbildung ausschließenden Zustand', einer krankhaften Störung des Geistestätigkeit befunden hätte. So oder so ähnlich habe ich das wenigstens im Kopf. Laut § 5 der allgemeinen Versicherungsbedingungen …"

Weiter kam er nicht, weil Willi ihn unterbrach: „Bitte Stefan, das ver-

steht keen Sau. Schon gar nicht an so einem Tag. Schwad keen Oper."
Wen wunderte das schon, dass Willi das nicht verstand? Jetzt konnte er einmal qualifiziert hochgestochen daherreden und wurde direkt wieder unterbrochen, weil dem Auditorium der nötige Intellekt fehlte, ärgerte sich Stefan. Wenn ihr es nicht anders könnt, dann eine Erklärung für Dumme, dachte er, insgeheim von sich selbst beeindruckt: „Also, um es einfacher zu sagen: Josi kriegt nichts, es sei denn, es war kein Selbstmord. Oder wir können nachweisen, dass er schwer einen an der Waffel hatte, als er sich an die Heizung gehängt hat ..."
„Na, wenn das nicht auf der Hand liegt?", wandte der Corpsdoktor ein. „Wer hängt sich schon mit seinem Orden an einer Heizung auf? Das ist ja nun nicht gerade die zuverlässigste Methode."
Stefan ließ sich diesmal nicht beirren, schwamm er doch jetzt in nahezu heimischen Gewässern. Er konnte nämlich gewohnt lässig aus seinem umfangreichen Kenntnisfond in Sachen Versicherungswesen schöpfen, wofür er bekannt war. Das hatte Hans schließlich auch zu ihm geführt, als er die Versicherung damals abschließen wollte. Stefan beschäftigte sich nur allzu gern während seiner karnevalsfreien Tage hobbymäßig mit Fragen des Versicherungsrechts. In der Vergangenheit hatte er zu Übungszwecken eine Vielzahl von Versicherungsvertretern – sogar vereinsübergreifend – verschlissen und zur Weißglut getrieben, wenn er sich die Vertragsbedingungen Wort für Wort erklären ließ. Er selbst war für und gegen alles versichert. Und daher hörte ihn der Stab als Sachkundiger stets, wenn es um diese Dinge ging. Was nebenbei bemerkt auch ausgesprochen praktisch war, wie die Erfahrung gelehrt hatte. Denn jedes Mal, wenn es einen in seinen und in den Augen des Kommandanten revolutionären Vorschlag zur Erneuerung des Corps abzuwenden galt, konnten sie sich auf das Versicherungswesen und dessen Tücken berufen. „Das geht nicht – aus versicherungsrechtlichen Gründen." Das half in 90 % der Fälle. Und wenn dieses Konzept nicht griff, wurde der Brandschutz bemüht, eine Taktik, die sie sich nicht zuletzt bei der Stadtverwaltung abgeguckt hatten. Und dank dieser Taktik war es auch in den letzten 30 Jahren im Verein zu keinen bedeutenden Erneuerungen gekommen. Das wurde schließlich seit rund 2000 Jahren an weit höherer Stelle ebenso gehandhabt; die Methodik war selbst im rheinisch-katholischen Sinne bewährt.

Kein Wunder also, dass Stefan als erster einen Lösungsvorschlag parat hatte. Er hatte seine Frau schon oft bei dem Aufhängen ihrer Gardinen beobachtet, und dabei die eine oder andere Unfallphantasie entwickelt, mal als tragisches Geschehen, mal als Lösung so manchen Eheproblems. Daher präsentierte er stolz seine Idee: „Er ist beim Gardinen aufhängen von der Leiter gefallen und genau mit dem Kropf auf die Kante der Heizung geschlagen. Dann sind wir fein raus."

Bravo, Stefan! Gut gedacht, aber zu früh gefreut. Denn seine außergewöhnlich kreative Lösung des Problems wurde durch den Doktor lauthals lachend abgelehnt: „Leute, er hat rundum Würgemale! Der einzige Unfall, der hier passiert sein könnte, wäre, dass er bei einem komischen Sexspiel erstickt ist. Und das wollen wir im Sinne des Stabs, des Vereins, des Brauchtums, der vereinten karnevalistischen Nation, der Familie und im Sinne von Josi doch nicht so darstellen."

„Ich hätte das kaum besser sagen können", bekräftigte Karl Heinz und wollte den Doc weiterreden lassen, als Stefan hastig wieder das Wort ergriff: „Und was haltet ihr von dem Sprung nach vorne? Wir müssen da einen Mord draus machen und am besten einen, der niemals aufgeklärt werden kann. Das wäre es doch!"

Der Kommandant schüttelte den Kopf. „Super Idee, Stefan. Das kommt in der Boulevard-Presse natürlich gleich viel besser. Nichts hat ein nachhaltigeres Presseecho als ein ungeklärter Mord. Siehe Barschel. Du spinnst wohl! Es sei denn, wir würden den Mörder dafür noch frei Haus mitliefern. Und ich glaube aus Überzeugung zu wissen, dass eure Opferbereitschaft so weit nicht ginge, selbst in den Bau zu gehen. Da kommt man nicht mit ein bisschen gemeinnütziger Arbeit davon."

„Okay, dann wohl so auch nicht", knickte Stefan enttäuscht ein.

„Wieso so kompliziert, wenn es auch einfach jeht?", begab sich Willi, der bisher sicherheitshalber nur wenig gesagt hatte, aus der Reserve. „Mir han jo schließlich net nur Döktersch em Corps sondern uch Dudejräber. Un mir fällt do op de Schnell zomindest eener in, dä Jeld bruch. Un sowieso schon Dreck am Stecke hätt. Für ein paar Tausender macht der fast alles. Wenn dä schwich und de Háns akkorat parat jemaat hät, können wir den glatt in Uniform aufbahren, ohne dass einer was sieht."

„Mag sein, dass der Geld braucht und keine leichenweiße Weste mehr hat. Und ein bisschen würdevolle Dekoration könnte vielleicht auch helfen. Aber trotzdem Unsinn, Willi. Du hast es ja schon selbst gesagt: Der braucht immer Geld! Der hat schon das Geld seiner Kunden veruntreut. Vergiss es, an den zahlen wir dann lebenslang", winkte Karl Heinz ab, der in Sachen Korruption von allen am meisten wusste.

„Stimmt, iss was dran. Wäre nur so schön einfach jewesen", musste Willi kleinlaut zugeben.

Daraufhin übernahm Karl Heinz wieder das Wort. Wie immer in komplizierten Situationen. Erst ließ er geschehen, nach dem Motto „loss se schwade", um dann, wenn alle Argumente ausgetauscht waren, zu entscheiden, als wäre die beste der vorgebrachten Ideen seine eigene gewesen. Das hatte er in 30 Jahre Kommandantur gelernt. Folglich fuhr er fort: „Wie ich Hans kenne und sein Schreiben verstehe, steht ja zumindest eines fest: Er wollte uns bei aller Misslichkeit der Situation die Möglichkeit geben, unsere Tantiemen zu retten. Das hat ja auch Josi so verstanden. Ich glaube, an die Versicherung hat sie noch gar nicht gedacht. Und sie soll es nach Möglichkeit auch nicht, bevor wir das Problem gelöst haben. Und es geht um Geld. Viel Geld, das wissen wir alle in dieser Runde. Mag sein, dass Hans vor dem lieben Herrgott sein Gewissen hat erleichtern wollen. Aber vor dem lieben Herrgott kommen ja immer noch wir. Er hat uns ein Rätsel aufgegeben. Das muss gelöst werden. Er gibt uns die Möglichkeit, das Vereinsheim, den Verein und unsere Tantiemen zu retten. Ich verstehe ihn so, dass Prinz Hans der Zweite den ersten Baustein für uns hat. Was dann folgt, müssen wir noch herausfinden. Aber Hans würde uns nicht im Regen stehen lassen, ohne uns die Möglichkeit zu geben, etwas zu ändern. Fest steht, dass wir bis Aschermittwoch alles geklärt haben müssen. Und noch etwas scheint festzustehen: Wenn wir es nicht schaffen, ist alles ‚Vom Winde verweht'. Und was das heißt und wer dann erbt, ist hier wohl jedem klar."

„Karl Heinz, du hast aber etwas vergessen: Wie machen wir da einen Unfall draus? Rätsel hin, Rätsel her, daraus einen Mord zu machen, fällt schon schwer", warf der Corpsdoktor ein, nicht ohne sich über den zufälligen Reim zu wundern.

„Natürlich habe ich das nicht vergessen!", raunzte ihn der Kommandant an. „Aber wir sollten es verdammt eilig haben, da wir das Rätsel bis

Mittwoch aufklären müssen. Ich fürchte, uns bleibt nicht die Zeit, uns um so Kleinigkeiten wie eine Leiche zu kümmern. Wir können wegen des kleinen Versicherungsproblems auch keine Polizei rufen. Die Leiche kommt in den Keller, wo Leichen hingehören. In den Kühlkeller. Dann muss zwar das Bier raus, aber ein Feldzug fordert eben Opfer. Und zum Trinken werden weder wir noch Josi kommen. Um das Problem mit der Versicherung kümmern wir uns später. Zur Not lassen wir Hans am Dienstag als Nubbel verbrennen und melden ihn vermisst. Jetzt ruft erst mal die Pflicht. Unsere Sorge gilt den Hinterbliebenen und im Besonderen uns und dem Brauchtum. Und um auch an die anderen zu denken: Wir können nicht den gesamten Karneval in Trauer stürzen, nur weil Hans tot ist. So tragisch das ist, aber das hat keiner verdient. Und Hans hätte es nicht gewollt, vor allem nicht im Sinne von Hans dem Zweiten. Ihr wisst alle, wie sehr er ihn mochte. Stellt euch mal die Titelseite im *Bönnschen Blatt* vor mit dem Bild vom Prinzenpaar auf dem Wagen, eingefasst in einen schwarzen Todesanzeigenrahmen mit der Unterschrift: ‚Prinz Hans der Erste ist tot, es lebe der Zweite!' Schlimm genug, dass letztes Jahr dem Prinzenpaar das Titelbild wegen anderer Ereignisse in Rom nicht gewidmet war. Und dann dieses Jahr in Schwarz? Zum Glück sieht das Josi ja genauso. Und Kai müssen wir wohl kaum um Rat fragen. Dem hört eh keiner zu. Zumindest würde ihm keiner glauben, wenn er etwas von der verschwundenen Leiche seines Vaters daher reimt."

Das sahen alle ein. Und so war es beschlossene Sache. Er, Karl Heinz Tibold, der Abwaschbare, hatte wie immer das letzte Wort. Und das war seinen Folgsamen Gesetz.

Der verschollene Prinz

Irgendwo, in einem anderen und belebteren Keller, saß ganz hinten in einer Ecke Prinz Hans der Zweite, oder das, was von ihm übrig geblieben war, über einem Glas Gerstensaft. Er hatte versagt. Er hatte sich an Weiberfastnacht nicht nur den Pajass aus der Hand nehmen lassen, er hatte ihn gleich ganz verloren. Das war noch nie passiert. In all den Jahren zuvor war nicht ein einziger Fall bekannt geworden, in dem das Unfassbare geschehen war. Gut, von einem kleinen Missgeschick dieser Art hatte man ihm hinter vorgehaltener Hand einmal berichtet: Einer seiner Vorgänger hatte sein edelstes Stück einmal im Taxi liegen lassen. Aber nach abenteuerlicher Fahrt durch Berlin und Brandenburg war es auf wundersame Weise wieder zurückgekehrt. Das war dem glücklichen Zufall geschuldet gewesen, dass in dieser karnevalistischen Diaspora keinem nachfolgenden Gast der närrisch grinsende Holzkopf, der das Zepter des Prinzen bildete, aufgefallen wäre. Schon gar nicht hätte man seine Bedeutung erkannt. Dort wusste man mit wahren Werten nicht umzugehen und hatte ihn schlicht übersehen. Und so war es geschehen, dass der von höchsten Stellen des ortsansässigen Landesfunks ermittelte Taxifahrer das Narrenzepter ganz ohne Lösegeldforderung zurückgebracht hatte. Unter Ausschluss der Öffentlichkeit. Klammheimlich.

Bei ihm war es leider anders, weswegen Hans der Zweite sich vor Scham aus dem Staub gemacht hatte, in jenes Kellerlokal, in dem ihm unter Garantie kein richtiger Karnevalist begegnen würde. Der Pajass war ihm zu Hause abhanden gekommen, ohne dass die schützenden Hände seiner Adjutanten das hätten verhindern können. Und so hatte er die Einsamkeit gewählt. Hier, im Exil. Hatte sich ganz ohne Hofstaat hierhin zurückgezogen, als ihm nach und nach klar wurde, dass er hier den Rest seines Lebens würde verbringen müssen, wenn er nicht geteert und gefedert durch die Straßen der Stadt getrieben werden wollte. Geschah ihm recht. Ohne den Pajass würde er nicht mehr in seine Heimat zurückkehren können. Niemals. Besser, er gewöhnte sich schon mal an den grausigen Geschmack des vor ihm stehenden Gesöffs. Das war es dann wohl. Höchststrafe. Und sogar noch vor seinem größten Tag. Wie bitter! Dabei war die Session so gut gelaufen. Der Prinz der Herzen war er gewesen. Ja, ja es war einmal.

„Ober, noch eins bitte", gab er seine letzte Order, bevor er in Tränen ausbrechend in sich zusammensank.

Stefan in Not

„Also, ich habe es als erstes auf seinem Handy probiert, die halbe Equipe abtelefoniert und den Festausschuss jeck gemacht. Ich habe das Zimmermädchen auf sein Zimmer in der Hofburg geschickt und die Bonna angerufen. Nichts. Keiner hat eine Ahnung, wo er ist. Er ist wie vom Erdboden verschluckt", gab Stefan einen kurzen Bericht. Die anderen hatten, während Stefan alles getan hatte, um Hans den Zweiten zu finden, das Bier liebevoll vor Nässe geschützt im Garten positioniert, sicher vor den Blicken möglicher Diebe. Die Temperaturen würden es schon schützen. Statt dem Bier wollten sie bis auf Weiteres Hans im Keller unterbringen. Hierzu holten sie den Tapeziertisch aus dem Nebenraum, stabilisierten ihn mit leeren Bierkisten und legten ihn dort ab. Auf Marius' ausdrücklichen Wunsch hin deckten sie ihn vorsichtig mit der Wohnzimmerkuscheldecke zu und machten es ihm sogar mit Sofakissen bequem. Natürlich nicht, ohne dazu einige hämische Kommentare vom Kommandanten zu ernten. Er war und blieb eben etwas rustikal, um nicht zu sagen eine Buure Sau.

Stefan waltete in der Zwischenzeit seines Amtes. Zu einem guten Adjutanten gehörte auch eine gute Logistik. Sämtliche Notfallnummern, angefangen bei der des Oberbürgermeisters über die des Stadtdechanten bis hin zu der des Zimmermädchens und der süßen Rezeptionistin, dem Fräulein Müller, auf der Hofburg, hatte er alle Nummern parat. Doch auch die beste Logistik half nichts an Tagen wie diesen. Wann war auch jemals ein Prinz verschütt gegangen. An Karneval?

„So ungern ich es sage, wir brauchen Kai, damit er uns das Versteck des

Prinzen nennt. Ich komme nicht weiter", gestand Stefan den anderen. „Und wir brauchen Josi, damit Kai mit uns redet. Wir kommen nicht drumherum, alles so zu machen, wie Hans es von uns verlangt hat. Er hat doch gesagt, wie wir Hans den Zweiten finden: Wo ihr diesen findet, weiß nur Kai."

„Doch Kai wird es erst sagen, wenn Bonnas sich um ihn scharen.
Er möchte, dass diese sich dann ihm offenbart,
und das komplett mit und ohne Ornat.
Wird er seine Neigung leben,
das Versteck vom Prinz preisgeben",

rezitierte der Corpsdoktor daraufhin. „So ungern ich es sage, Stefan, du hast Recht."

„Und wie stellt ihr euch das vor?", meldete sich Willi. „Wie zum Teufel sollen wir auch nur eine so wahnsinnige Bonna finden, die sich mit dem einlässt? Für e bissche Ruhm un Ihr machen die ja vieles. Und nicht mal das können wir bieten. Käme schlecht im *Express* – am besten auch noch mit Foto. Sich mit dem Irren einlassen? Nicht einmal für das rheinische Brauchtum. Auch Opferbereitschaft hat ihre Grenzen."

Ganz unrecht hatte er nicht, wie sich auch die anderen eingestanden. Das war alles einfacher gesagt als getan.

„Und die echte aus diesem Jahr können wir nicht nehmen. Nicht mal zur Prinzenrettung. Die wird ja noch gebraucht. Erst recht, wenn der Prinz weg ist. Weiß der Henker, was Kai mir der macht."

„Was sagtest du da, Willi?", fragte der Corpsdoktor.

„Erst recht, wenn...", setzte Willi von vorne an.

„Nein, nein, das meine ich nicht. Davor?"

„Und die echte…?"

„Ja, das ist es: Wir brauchen ein Double. Eine, die aussieht wie die echte. Die sich aber weniger der Leidenschaft für das Brauchtum als der für die eher weltlichen Werte hingibt. Und das am liebsten für Geld. Stefan, ruf Rosi an! Das ist es!"

„Also hör mal, Doc! Den Oberbürgermeister, den Stadtdechanten, von mir aus den Papst. Aber die Nummern von solchen Damen habe ich nicht", entgegnete der fassungslose Stefan, um seine Adjutantenehre kämpfend.

„Hör mit dem Scheiß auf, Stefan", mischte sich Karl Heinz gewohnt energisch ein. „Ruf sie an! Und bestell sie her! Sofort!"

Diese Worte duldeten keinen Widerspruch. In Schamesröte wählte Stefan Rosis Nummer, die er zur Tarnung unter „Rosenkranz" gespeichert hatte.

„Und das Ornat? Wie kommen wir da ran?", fragte Willi.

„Das ist Chefsache", meinte der Kommandant und zog sich ebenfalls zum Telefonieren zurück.

Eine Stunde später hatten sie alles. Zwar keine Bonna oder Ex-Bonna, aber immerhin eine Rosi und ein Ornat.

„Wie bist du denn jetzt da dran gekommen?", fragte Willi.

„Ganz einfach. Ich habe Magda angerufen, die Vorsitzende des Bonna-Clubs. Und die hat ihre Ex-Bonnas angerufen. Mann, das muss man ihr lassen, die hat ihre Damen echt im Griff. Nicht ganz so stilecht wie ich, aber immerhin, für einen Frauenverein, geführt von Frauen. Das macht ihr so schnell keine nach. Und das Beste: Die wollen dafür nicht mal befördert werden", schwärmte er. Seine Schwäche für Magda war nach wie vor ungebrochen. Nur leider hatte sie sich damals gegen ihn entschieden.

„Auf die Mädels ist Verlass, wenn es um was geht. Und den Nachwuchs zu unterstützen, ist bei denen oberstes Gebot, auch, wenn sie sich sonst nicht unbedingt in allem einig sind. Zwei Telefonate und Magda hatte ein Ornat von einer ihrer Nachfolgerinnen."

„Schön, aber einen Prinzen zu finden und den Tod seines Namensvorgängers zu verbergen, um dessen Geheimnisse zu wahren, fällt für mich nicht gerade unter Nachwuchsförderung", wandte der Doc ein.

„Ach, Doc, ein bisschen Flunkern gehört doch zum Handwerk", sagte der Kommandant. „Ich habe ihr erzählt, wir schneidern der Kinderbonna zur Überraschung für Rosenmontag ein Original-Kinderbonna-Ornat. Nicht so ein billiges, wie die Mädels es sonst bekommen. Und dafür brauchen wir eben ein Muster. Nur leider sollten wir dann auch eins haben, wie mir gerade einfällt. Josi? Dein Typ ist gefragt."

„Was gibt es? Noch mehr Kaffee?"

„Nein, lass mal. Ruf dein Damenkomitee an. Die älteren der Damen, nicht die jungen, die können so was ja nicht mehr. Die müssen uns ein Kinderbonna-Ornat schneidern. Bis Montag. Das kriegen die ja wohl hin. Weiberfastnacht ist ja schließlich fast schon vorbei. Sonst fliegt unsere Tarnung auf. Und dann widmen wir uns Rosi. Wäre doch gelacht, wenn wir aus ihr nicht eine prachtvolle Bonna gemacht bekämen, die für unseren lieben Kai ein paar Freuden bereithält. Und bei dessen intellektueller Kapazität reicht so ein Vollblut-Dummy in Form von Rosi völlig aus."

Unter dem Ornat

Was nun folgte, hatte mit dem rheinischen Brauchtum auch unter weitester Auslegung nichts mehr zu tun, weswegen wir in aufrichtiger Demut ein Mäntelchen des Schweigens und Vergessens um das Geschehene hüllen. Und ganz kurz vorspulen.

Kai im Glück

Sie hatten Rosi fürstlich für ihre Dienste belohnt, nicht zuletzt, weil an diesen Tagen ihr Geschäft auch ohne Sonderaufträge brummte. Völlig unverständlich aus der Sicht eines Laien, wäre doch so manches Glück auch kostengünstiger auf der Straße zu finden gewesen. Aber natürlich weniger diskret. Und so kam einige Minuten später Kai fröhlich pfeifend und überaus entspannt, ja, sogar ungewohnt heiter und über beide Backen strahlend mit Frank im Gefolge die Treppe herab.

Während sie herunterkamen, steckte Frank Kai noch schnell sein Smartphone in die Tasche. Kai rief:

„Bonna immer lieb,
Bonna weiche Haut,
Bonna war ganz warm,
Bonna meine Braut."

Oje, und das sollte erst der Anfang sein, ging es allen durch den Kopf.

„Und, Kai?", fragte Josi. „Hast du uns was zu sagen? Papa meinte, du hättest eine Botschaft für uns. Über Hans den Zweiten. Bitte sag mir, was du weißt."

Immer noch schräg, aber glücklich grinsend wiederholte er:

„Bonna immer lieb,
Bonna weiche Haut,
Bonna war ganz warm
Bonna meine Braut."

„Nein, Schatz, wir reden nicht von der Bonna. Wo die ist, wissen wir. Wo ist der Prinz?", setzte sie erneut an. „Was hat Papa dir von Hans dem Zweiten gesagt? Wo steckt der?"

„Papa tot, alles joot,
die verbotene Stadt
einen Keller hat."

Mürrisch und stur blickte Kai in die Runde.
„Mehr weißt du nicht?"

„Papa tot, alles joot,
die verbotene Stadt
einen Keller hat,"

wiederholte er jetzt unwilliger als beim ersten Mal.

„Kai, überleg mal, was weißt du noch?"

Alle blickten erwartungsvoll auf ihn und hofften, mit dem nächsten Reim der Lösung näher zu kommen. Aber auch nur genau so lange, bis Kai den Reim sprach:

> *„Carpaccio, Austern, Eis,*
> *Grappa, Edelweiß.*
> *Magen leer,*
> *Kopf ist schwer."*

Alle seufzten gequält. Nun lag es an Josi, Kai zunächst aus dem Weg zu schaffen, bevor ihn der Zorn der anderen treffen würde.

„Ist schon gut, mein Schatz. Hört ihr zwei doch oben noch ein bisschen Musik! Gleich gibt es etwas zu essen. Wir Erwachsenen müssen noch was besprechen", beruhigte sie ihn. Unbeeindruckt zog er sich mit seinem Kumpel Frank zurück, murmelte dabei seinen Reim vom Edelweiß und ließ kurze Zeit später wieder seinen Heavy Metal-Lärm von oben nach unten plärren.

„Gleich platze ich!", fuhr der Kommandant Josi an. Er hatte sich gerade so lange zurückhalten können, bis Kai mit dem ersten halben Bein den Raum verlassen hatte. „Aus dem Kerl wirst du ja wohl mehr herauskriegen. Wir investieren eine Rosi in den Deppen – oder umgekehrt, wenn man es genau nimmt – und dann kommt immer noch nur Müll da raus! Wir haben keine Zeit, uns mit dem Idioten rumzuschlagen und Reime zu deuten. Unter verbotener Stadt können wir uns ja alle was vorstellen. Aber Düsseldorf ist groß. Nicht, dass ich da schon mal gewesen wäre. Aber Düsseldorf dürfte in etwa so groß sein, wie die Düssel klein ist. Und Keller haben die sicher auch ganz viele. Die müssen ja auch irgendwo lachen gehen, denke ich wenigstens. Wir brauchen mehr Infos, sonst finden wird Hans nie, jedenfalls nicht vor Mittwoch."

„Karl Heinz, ich kenne Kai. Der ist so, wenn er Hunger hat. Ein gutes Essen im *Edelweiß*, zwei bis drei gute Chardonnay und er redet, wenn zum Schluss noch der Grappa fließt."

„Na prima. Und am besten noch mit dem Idioten von Frank im Schlepptau! Um den satt zu kriegen, brauchst du kein Rinder-Carpaccio vom Sternekoch, da brauchst du gleich 'ne ganze Sau. Ich hoffe, die beiden wissen wenigstens, wie man mit Messer und Gabel umgeht, sonst kann ich mich da nie mehr blicken lassen!" Der Kommandant rang merklich um Fassung und bangte um sein Ansehen in der Öffentlichkeit. „Aber", fuhr er nach diesem kurzen Gefühlsausbruch etwas ruhiger fort, „das geht schon in Ordnung. Das nehme ich auf mich. Eine gute Mahlzeit kann auch mir bei dem ganzen Stress nicht schaden. Verantwortung zehrt. Ich geh mit Josi und den Jungs aus, während ihr in die verbotene Stadt fahrt. Wenn ich mehr weiß, gebe ich euch den genauen Standort durch. Ich hoffe, die schmeißen uns nicht vorher schon raus. Was nimmt man nicht alles auf sich! Ihr wartet da auf weitere Anweisungen."

„Okay, nach Düsseldorf fahren. Wie dat dann?", fragte Willi ungewohnt geistesgegenwärtig.

„Nehmt doch Frank als Fahrer", schlug der Doc vor. „Das lässt die Spesen sinken und Josi und Karl Heinz haben Kai ganz für sich allein. Autofahren kann er; soweit ich weiß, fährt er auch Taxi und müsste sich auskennen. Ich bleibe hier und mache mir mal ein paar Gedanken, was wir mit unserem Hans tun könnten."

Gesagt getan. Sie nahmen Hans' Wagen. Den brauchte er ja nicht mehr. Und während Stefan und Willi mit Frank am Steuer gen Düsseldorf fuhren und Marius bei der Leiche blieb, begaben sich die anderen zur Tafel. Dem etwas anderen Leichenschmaus.

Späte Rache

Jupp war zu Hause angekommen. Denen hatte er es gezeigt! Wer mit aufstellt, muss mit kegeln. Sollten die mal schauen, wie sie aus der Nummer herauskämen. Jahre lag er zurück, der Betrug an ihm. Jahre, in denen sie und vor allem Hans von seinem Lied profitiert hatten. Jedes Mal, wenn „Dat Bloot von Kölle" gespielt wurde, klingelte es in der Kasse. Nur nicht in seiner. Wie naiv war er doch gewesen, als er in seinem jugendlichen Leichtsinn Hans seinen Song vorgespielt hatte! Ganz begeistert von seinem Werk, das er eigentlich als Semesterarbeit hatte abgeben wollen. Er war damit gleich, nachdem er den letzten Ton geschrieben und sein Werk für mehr als gut befunden hatte, zu seinem damaligen Zimmergenossen gegangen und hatte es ihm vorgespielt. Seine Eitelkeit war ihm zum Verhängnis geworden. Eigentlich hatte er nur von Hans hören wollen, dass der Song genial und er noch genialer sei. Und Hans hatte ihn natürlich brav über den roten Ginster gelobt. Oder war es der grüne Klee? Egal, mit den Redewendungen, das würde er wohl nicht mehr lernen. Jedenfalls hatte Hans heilig und hoch versprochen, den Song gleich am nächsten Tag zu vermarkten, seine Kontakte anzuhauen und ihn den Höhnern zur Veröffentlichung anzubieten. Schließlich hatte er Kontakte – und zwar die besten. Nur statt dies in Jupps Namen zu tun, nahm er seinen Song für sich und peppte seine bis dahin eher mit bescheidenem Erfolg arbeitende Band um einen Song auf. Er und seine lieben Freunde Willi, Karl Heinz und Marius. Auch genannt: *Die vier lustigen Drei*. Und das war ihr Schlüssel zum Erfolg gewesen. Nachdem sie mit Jupps Mega-Knaller aufgetreten waren, riss man sich um sie. Und nicht nur dieser Song war auf einmal der Kassenschlager, sondern auch ihr gesamtes Repertoire wurde derart aufgewertet, dass sich sogar ihr übriger mittelmäßiger Schrott verkaufen ließ.

Es war ihm nur ein geringer Trost, dass Hans ihm gegenüber ein schlechtes Gewissen hatte. Ein schlechtes Gewissen haben und Tantiemen zu teilen waren eben zwei verschiedene Pantoffeln. Schuhe. Ähm, verschiedene Paare an Schuhen. Einen Hauch von Anerkennung hatte er ihm immerhin gewährt, als „Wiedergutmachung". Denn nachdem Jupp aus Frust sein Studium abgebrochen hatte und in die Obdachlosenszene abgerutscht war, hatte Hans sich seiner angenommen. Er war damals Bauleiter des Schürmann-Baus gewesen. Und um sein schlechtes Gewissen zu beruhigen und dafür zu sorgen, dass Jupp sich endgültig und abgeschieden zu Tode saufen und das Geheimnis dann mit ins Grab nehmen würde, hatte er ihn von der Straße geholt. Monatelang hatte er in einem Kellerloch der Baustelle gelebt. Bis zum Hochwasser war es immerhin trocken und beheizt gewesen und hatte Jupp und einigen seiner Kumpane von der Straße als sicheres Domizil gedient. Zur Beruhigung der Gemüter und Förderung der Leberzirrhose investierte Hans täglich in zwei Kisten Erfrischungen, also Höttinger Kölsch. Für die einen: Ein Traum mit Schaum. Für die anderen: Aldis Rache. Und um auf Nummer sicher zu gehen, gab es dazu zwei Fläschchen Schnaps – täglich. Wenn sich Jupp schon nicht ins Grab saufen würde, so würde ihn das zumindest um den Verstand bringen, was ebenso in Hans' Sinne war. Nur hatte Jupp die Taktik durchschaut: Statt sich selbst dieser vielfältigen Alkoholika anzunehmen, überließ er den Sprit seinen dankbaren Kumpels. So hatte er sich nicht nur Leber und Verstand gerettet, sondern auch Freunde fürs Leben gefunden. (Wie lange ein derart geführtes Penner-Leben auch währen mochte.) Was bisher trotz aller Enthüllungen des *Bönnschen Blatts* und dessen journalistischer Recherchearbeit noch nicht ans Tageslicht gedrungen war, war die Tatsache, dass Jupp sich in dieser Zeit auf ganz subtile Weise Genugtuung verschafft hatte. Kupfer war teuer – aber tonnenweise auf der Baustelle vorhanden. Und so schaffte Jupp, nicht in Sachen Alkoholabbau, sondern in Sachen Kupferabbau. Tag für Tag. Wenn seine Kumpels bereits halbtot in der Ecke lagen, sozusagen untertage, ohne, dass es jemand bemerkte. Er klaute Kupfer, alles, was er bekommen konnte, und vertickte es gewinnbringend. Das war der Grundstein seiner kleinen Villa in Remagen. Dumm nur, dass das Kupfer auch in den Kabeln benutzt wurde, die die Hochwasserpumpen mit Strom versorgen sollten. Aus offiziell nach wie vor ungeklärtem Grunde versagte einige Zeit später der Hochwasserschutz samt Pumpensystem und das just zu der Zeit, als der Rhein erneut etwas zu übermütig aus seinem Bett hüpfte. Aber das kennt der Rheinländer ja.

Jupp wusste nicht, wie Hans es geschafft hatte, das alles zu vertuschen. Aber als der Bau einige Zeit später absoff, war Jupp sich sicher, daran nicht unschuldig gewesen zu sein. Zwar hatten er und Hans nie darüber gesprochen, aber ihm war es dennoch klar. Wahrscheinlich war Hans viel zu sehr damit beschäftigt gewesen, Jupps Unterbringung und den Diebstahl des Kupfers zu vertuschen, um Jupp zur Rechenschaft zu ziehen. Bei ihm war ja auch offiziell nichts zu holen. Alles, was er mal geleistet hatte, hatte Hans ja an seiner Stelle zu Geld gemacht. Anders konnte Jupp sich nicht erklären, dass Hans ihn so ungeschoren hatte davonkommen lassen.

Leider hatte Jupp aber keine Ahnung, wer alles von diesem Geheimnis wusste. Josi sicher, die hatte schließlich jede Schweinerei ihres Mannes mitgemacht. Die anderen auch? Aber letztlich spielte das keine Rolle. Jupp hatte jedenfalls eine klammheimliche Freude daran, sich auszumalen, wie Hans schweißgebadet versuchen musste, das alles zu verheimlichen, wäre er doch sonst selbst mit Schadensersatzansprüchen überzogen worden. Aber es war ihm gelungen. Wie immer hatte er sich als Hans im Glück bewährt. Vielleicht hatte er über die Jahre doch einiges von seinem Kumpel Karl Heinz, dem „Abwaschbaren", gelernt. Und der offizielle Schuldige für das Ertrinken des Schürmann-Baus waren jedenfalls weder Jupp noch Hans gewesen, sondern einzig und allein unser Vater Rhein.

Doch diesmal würden weder Hans noch sein lustiger Freundeskreis es schaffen, ihren Kopf aus der Schlinge zu ziehen. Jupps späte Rache. Das Spiel hatte begonnen.

Hans – verzweifelt gesucht

„Immer noch nichts aus Bonn", stellte Willi fest, nachdem sie bereits dreimal ein Ortseingangsschild „Düsseldorf, Landeshauptstadt" gelesen hatten. Mein Gott, die geben aber an, dachte Willi. Diese Stadt lag doch verdammt nah an vielen anderen Städten, wie es schien. Kaum waren sie drin, waren sie auch schon wieder raus. Und im Moment war er sich nicht sicher, was ihm lieber war, das Ortseingangs- oder Ortsausgangsschild. Und um Franks Ortskenntnis war es offenbar doch nicht so gut bestellt, wie sie alle gehofft hatten. Aber welchen Vorwurf sollten sie Frank auch machen? Außer, dass er Frank war natürlich. Sie wussten doch selbst nicht, wo die Reise hingehen sollte.

Entnervt rief Willi zum zigsten Male den Kommandanten an: „Und, wie ist die Lage?"

„Also, das Tiramisu", schmatzte der Kommandant in den Hörer, „ist wirklich ausgezeichnet. Hätte noch einen Hauch mehr Amaretto vertragen können. Aber das Carpaccio, ich sage dir ..."

„Karl Heinz, bei allem Respekt: Was sagt Kai? Wir können doch nicht jeden Keller hier durchsuchen", unterbrach ihn Willi, während er zur Abwechslung mal beiläufig ein Ortseingangsschild Neuss bemerkte. „Mir han keen Zick."

„Ach so, Kai hatte seinen Grappa schon. Wollen mal hören, ob der noch mehr auf Lager hat…" Und offenbar zu Kai gewandt fuhr Karl Heinz extra langsam und verständlich fort: „Kai, hast du mir noch etwas zu sagen?" Stille.

„Oh, Kai. Bitte, da muss doch noch etwas sein, was du gelernt hast. Die verbotene Stadt, einen Keller hat", half er ihm auf die Sprünge. Immer noch nichts von Kai.

„Gib ihm doch noch einen Grappa, vielleicht kommt dann was!", warf Willi ein.

„Ich muss da ein wenig vorsichtig sein, Willi. Sonst kommt da am Ende mehr raus, als uns lieb wäre."

Aber noch bevor Karl Heinz diesen Satz zu Ende sprechen konnte, hörte Willi schon im Hintergrund, dass Kai wieder anfing:

„Papa tot, alles joot,
die verbotene Stadt
einen Keller hat."

Na gut, das wissen ja jetzt alle, dachte Willi. Aber es ging zu seiner großen Überraschung weiter:

„Die verbotene Stadt
einen Keller hat,
Musik ist da,
Heavy Metal-Bar,
kein Klavier,
altes Bier."

„Dat wor et?", fragte Willi.

„Wie es aussieht, zunächst schon", mampfte Karl Heinz immer noch in den Hörer.

„Okay, wenn noch mehr rauskommt als der ganze Grappa, dann ruf mich an", erwiderte Willi ungewohnt harsch und legte auf, als sie gerade wieder ein Ortseingangsschild „Düsseldorf" passierten.

Stefan hatte versucht, alles mitzubekommen, was ihm aber trotz spitzer Ohren nicht ganz gelungen war. Er hatte wie gewohnt den rechten Beifahrersitz belegt, in diesem Fall ein Nachteil. Willi saß nun zwar hinten, hatte aber den Vorteil, dass Franks Heavy Metal-Lärm vorne deutlich lauter aus den Boxen drang als hinten. So hatte Willi zur Abwechslung mal entgegen der Rangordnung in Sachen Telefon und Sitzplatz die besseren Karten. Stefan drehte sich zu ihm um. „Wohin müssen wir denn jetzt, Willi?"

Willi zuckte mit den Schultern. „Ich habe auch keine Ahnung. Muss ein Keller sein, ohne Klavier, mit Heavy Metal-Musik und Altbier im Angebot. Mehr weiß ich auch nicht."

„Verdammt, so finden wir den nie!", fluchte Stefan, „Altbier gibt es hier überall."

Willi ging es langsam auf die Nerven, immer nur als Trottel behandelt zu werden, und er entschied sich, zur Abwechslung in Eigenregie tätig zu werden.

„Hör mal, Frank, mach doch ens ganz kurz leise," wandte er sich zu dessen Überraschung an den Fahrer. „Wenn es außer Taxifahren watt jitt, worin du dich echt auskennst", erneut hatte er ein Ortseingangsschild Düsseldorf gelesen, „ist das doch Heavy Metal-Musik, oder?" Willi erntete ein kurzes Nicken und Frank machte zu seiner großen Überraschung sogar die Musik leiser. Offenbar redete er noch lieber über seine Musik als selbige zu hören, was Willi beruhigt aufatmen ließ. „Wir suchen eine Heavy Metal-Bar, ohne Klavier und mit Alt-Bier! Weißt du vielleicht, welche gemeint sein könnte?"

„Klar, warum habt ihr das nicht gleich gesagt?"

Upps, der kann ja auch Hochdeutsch, dachte Willi.

„Wenn ihr mich so fragt: Normalerweise fahre ich die Touristen erst einmal rund um den Pudding, wenn die nicht ausdrücklich auf 'ne Stadtrundfahrt verzichten. Iss zwar schlecht für die Umwelt, aber gut fürn Taxameter und für die Heimatkunde. Wetten, ihr kennt das Neandertal auch noch nicht, auch wenn ihr ja ein bisschen danach ausseht", fuhr Frank zwar hochdeutsch, aber genauso abwertend wie zuvor bei Josi fort. Stefan wollte gerade etwas Passendes erwidern, als Willi ihm beschwichtigend die Hand auf die Schulter legte. Und Stefan schwieg. Jetzt lag es an Willi. „Frank, ich bitte dich, es ist wichtig. Bringst du uns bitte zu der Bar? Bitte!"

Und siehe da, auch Höflichkeit konnte so manches Mal zum Ziel führen. Denn Frank bog ab und fuhr jetzt in Richtung Innenstadt.

„Wisst ihr, normalerweise würd' ich denken, in einer Stadt wie dieser gäb's da ja mehrere. Aber die ham's schwer hier mit richtiger Musik zwischen den ganzen Sushi-Bars und Szene-Clubs. Ich kenn das Ding. Muss das *Kaviarlos* sein. Das meinte unser Freund Kai wohl. Lustiges Wortspiel. Wir waren nämlich schon zusammen da. Na, das hättet ihr mir nicht zugetraut, watt? Statt ohne Klavier, klavierlos. Aber wir sind in Düsseldorf und um die ganzen Schickis draußen zu halten, hat der alte Pit seinen Laden „Kaviarlos" genannt. Die Japse kommen da dann auch nicht hin." Offenbar freute sich Frank, dass er mal etwas gefragt wurde, worauf er eine Antwort hatte und das dazu noch Anlass gab, ein wenig aus dem Nähkästchen zu plaudern. Willi sollte es recht sein. Hauptsache sie kamen an. Und das schnell. Denn Franks Geschwafel über Düsseldorf, den schweren Stand der Heavy Metal-Fans und das Schicksal des armen Pit, den es nach Düsseldorf verschlagen hatte, statt wie früher bei Freiluftveranstaltungen Stoff zu verkaufen, ging ihm schon eine Minute später auf die ohnehin gereizten Nerven. Aber eines freute Willi doch: Wenn er sich hiermit keine Beförderung verdient hatte, womit dann?

Der Doc und die Leiche

Den Corpsdoktor hatten sie allein zurückgelassen. Während die einen aßen und die anderen nach Düsseldorf fuhren, hatte er die schwierige Aufgabe zu lösen, wie Hans der Erste denn nun bedenkenfrei hatte sterben dürfen. Dass fiel ihm trotz all seiner akademischen Ausbildung nun weiß Gott nicht leicht. Also forschte er nach Lösungen direkt am „Corpus delicti" und untersuchte den im Kühlraum gelagerten Hans ein erstes Mal genauer.

Die Würgemale hatten ja nun alle gesehen. Aber um auf einen Einfall zu kommen, konnte es ja nicht schaden, ihn sich genauer anzuschauen. Auch für ihn als Mediziner war dieser Anblick selten. Zum Glück. In seinem Genre hatte er es weniger mit Toten zu tun. Im Studium hatte er zwar mal forensische Medizin belegt, aber das lag viele Jahre zurück. Normalerweise würde er den Puls fühlen, den Blutdruck kontrollieren, Herztöne abhören, sein Personal nach einem Defibrillator schicken oder den Notarzt rufen. Aber dafür war es ja jetzt zu spät. Die Situation hatte ihn, wie er sich eingestehen musste, überfordert. Es fiel ihm schwer, Hans anzusehen. Er blickte an ihm herunter, Zentimeter für Zentimeter. Und stockte. Akkurat hatten Josi und die anderen ihn zurechtgemacht. Darauf richtete sich sein Augenmerk nicht. Aber die Lippen. Irgendetwas war daran anders, als er es bei Hans sonst gesehen hatte. Sie hatten so eine Farbe, nicht rot, nicht weiß, nicht leichenblass. Dunkelrot. Er schaltete das Neonlicht aus, das herkömmliche Licht ein und sah ihn auf einmal, diesen merkwürdigen roten Schimmer auf Hans' Lippen. Röter als normal, durchfuhr es ihn. Das konnte kein Lippenstift sein. Das konnte auch nicht an der Kälte hier liegen. Das musste eine andere Ursache haben. In seinem Kopf zog er gedanklich Schubladen auf, die er in Sachen Rechtsmedizin einst gefüllt hatte. Nur leider waren alle leer. Nur irgendetwas in ihm schrie „Alarm!" Bevor er seinem unguten Gefühl nachgeben und die anderen über seinen Verdacht informieren wollte, musste er Sicherheit haben. Zum Glück hatte er ja nicht nur Freunde hier im Karneval, sondern auch Kollegen von außerhalb. Kollegen, die sich anders als er spezialisiert hatten.

Ein Verbindungsbruder aus Duisburg war gut im Geschäft und ein ausgezeichneter Gerichtsmediziner, der sogar im Fernsehen Karriere gemacht hatte. Also rief er kurzerhand seinen Kommilitonen und Freund Professor Hubertus Bruns an. Auch, wenn der etwas umständlich war und sich für seinen Geschmack im Gegensatz zu ihm etwas zu sehr dem Standesdünkel angeschlossen hatte, so hätte er sicher eine Idee für ihn, ohne das an die große Glocke zu hängen. Oh wei, schon wieder dieses böse Wort, „hängen". Und er hatte gleich doppeltes Glück: Nachdem Hubertus ihm erklärt hatte, dass dieses Thema sein „Steckenpferd" sei und er gerade darüber einen in seiner Bedeutsamkeit nicht zu übertreffenden Beitrag in „Forensik aktuell" veröffentlicht hatte, mit dem er den Kollegen nun endlich den noch ausstehenden kleinen Denkanstoß gegeben hätte, ihm den längst wohlverdienten Lehrstuhl an den führenden Akademien in den Staaten anzubieten, den er eigentlich ja gar nicht wollte, kam er dann endlich auf den Punkt: „Marius, das klingt nach einer Vergiftung. Kann was Pflanzliches sein. Könnte ein Indikator für die Einnahme von Eibengift sein. Das ist aber nur das erste, was mir dazu einfällt. Und das auch nur deswegen, weil ich mich fachübergreifend interessiere. Da gab es kürzlich eine Abhandlung in so einem alternativen Magazin. Über versteckte Gifte am Kinderspielplatz."

Eine Abhandlung in einem „alternativen Magazin". Der Doc lachte. Den Beitrag in der *Apotheken-Umschau* hatte er neulich selbst zufällig gelesen. Man musste den Dingen eben nur den richtigen Namen geben, dann klang es gleich viel besser. Hubertus sprach weiter: „Es kann natürlich auch eine vergleichsweise natürliche Ursache haben. Eine Allergie zum Beispiel. Wenn es aber Eibe war: Ich hätte ihm davon abgeraten. Es gibt da durchaus schönere Methoden und Produkte. Bekommt man schon in einem besser sortierten Baumarkt. Den Tod kann man geschmeidiger einleiten. Gleiche Effizienz, weniger Schmerz und einfach eleganter. Für alle."

Marius hörte sich das noch eine Weile an, beschloss dann aber, dass sein Freund ihm genug gesagt hatte. Aus dem umständlichen, selbstbeweihräuchernden Monolog seines Kollegen hatte er zumindest eins mitgenommen: Die äußerlichen Zeichen deuteten auf einen Tod durch Vergiftung hin, noch bevor Hans an die Heizung gehängt worden war.

Es könnte also auch Mord gewesen sein. Dieses Ergebnis hatte er sich vor Stunden zwar gewünscht – wegen der Versicherung. Aber so tun als ob, war eine, festzustellen, dass es tatsächlich so gewesen sein könnte, eine ganz andere Sache. Und spätestens ab jetzt war das nichts mehr, was er noch hätte verantworten wollen. Und das Schlimmste: Am verdächtigsten waren für ihn Josi und Kai.

Helauluja

Der Prinz hatte sich zwischenzeitlich mal wieder aufbäumen wollen. Jedes Mal, wenn er über sein Schicksal similieren wollte, kam der Ober, wenn man den tätowierten Wirt Pit so nennen wollte, mit neuem Sprit. Der Pit mit dem Sprit, wenn dieser Reim kein Gassenhauer war?, dachte er sich in seinem benebelten Hirn. Er wusste nicht, ob es Einbildung war, dass er aus dem einzigen hier bei all dem Heavy Müll geduldeten Karnevalshit von den Brings, „Halleluja", stets ein „Helauluja" heraushörte oder er schon phantasierte. Und daher wusste er zunächst auch nicht, ob er den schwergewichtigen Monsterrocker, der gerade zur Tür hereingekommen war und eine kleine Gruppe von zwei Bonner Karnevalisten anführte, schon mal gesehen hatte oder es eher ein Déjà-vu-Erlebnis war. Auch ob da wirklich Willi und Stefan standen, konnte er nicht wirklich erkennen. Realität und Wunschgedanke an Freunde aus der Heimat schienen ineinander zu greifen. Er wollte sich wirklich darauf konzentrierenn. Aber das eine Mal waren es zwei, dann gleich vier Uniformierte. Noch ein Alt mehr und er würde das gesamte Corps sehen oder nur noch schwarz. Der Prinz am Scheideweg. Die Scheidebecher hatte er ja schon mehrfach hinter sich. Aus dem Augenwinkel meinte er wahrzunehmen, dass der Monsterrocker und Pit kurz ein Nicken austauschten, und dann umschloss ihn Dunkelheit.

Als Willi mit den anderen die Kneipe betrat, erblickte er Prinz Hans den Zweiten sofort in der hintersten Ecke. Während Frank auf seinen Bekannten Pit zuging, was den beiden anderen nur Recht war, stürmten er und Stefan auf die gefallene Tollität zu.

„Hans, Haaans? Bist du noch da? Etwas an dir noch am Leben? Wir haben etwas für dich."

Keine Reaktion. Der Kopf lag immer noch auf dem Tisch. Zumindest nicht vornüber, sondern seitlich, so dass Willi wenigstens ein Auge sehen konnte. Es war zu. Genau wie Hans. Willi hob zunächst ein Lid an. Keine Reaktion. Dann zog er das andere Auge auf und erntete immerhin ein leichtes Murren. Na, doch mal ein Lebenszeichen. Dann nahm er den Pajass, hielt ihn unmittelbar vor Hans' Auge und versuchte, es erneut zu öffnen. Wenn er nicht ganz schief lag, glaubte er, ein kleines Blinzeln wahrgenommen zu haben. „Hans, du hast ihn wieder. Sieh mal, was ich hier habe. Dinge Pajass. Komm zu dir! Wir können dich jetzt wieder mitnehmen. Nach Bonn. In die Heimat."

Nichts. Keine Reaktion. Hilfesuchend drehte er sich zu Stefan um. „Und was jetzt? Was tun, wenn nicht mal das hilft?"

Doch statt zu antworten, wendete sich Stefan an die Thekenbesetzung: „Tu uns mal zwei Bier!" Er blickte zu Willi, dann zu Hans. „Wir trinken uns erst mal einen, Willi. Kommt Zeit, kommt Rat." Und auf eben jenen wartend saßen sie da, ratlos und resigniert, mit Hans in ihrer Mitte. Und tranken still an ihrem Altbier. Sie hatten im Moment nicht mal die Energie, sich über die zweifelhafte Düsseldorfer Braukunst zu beschweren. Sie würden ewig brauchen, bis Hans wieder reden konnte. An Stehen war gar nicht zu denken, dachte sich Willi und blickte sinnentleert auf die Tanzfläche. Mein Gott, wie konnten diese Freaks da nur Stunden bei Altbier und Heavy Metal die Köpfe umher schlagen und „Headbangen", wie ihm der Fachbegriff jetzt sogar einfiel. Das konnte doch nicht auszuhalten sein. Die Droge wollte er jetzt auch. Entweder so weg sein wie Prinz Hans, oder so fit wie die ganzen Freaks hier, damit er die ihnen gestellte Aufgabe erledigen konnte. Ja, das war es doch! Genau das! Wenn die hier nur Altbier getrunken hätten, würden die das nie durchhalten. Frank hatte doch eben, bevor Willi abgeschaltet hatte, noch erzählt, dass der Wirt über gewisse einschlägige Erfahrungen in

Sachen Drogen verfügte. Er würde seinen Orden darauf verwetten, dass der seine Kohle nicht nur mit dem Siffschuppen hier verdiente, sondern sicher immer noch einem kleinen Nebenerwerb nachging.

„Stefan, hör mal, mit Kamillentee und Kaffee bekommen wir den bis zum Katerfrühstück morgen nie wieder fit."

„Das ist selbst mir klar", schnauzte Stefan ihn entnervt an. Willi überhörte den Ton und fuhr stattdessen ungerührt fort: „Der Pit hat doch sicher außer Altbier ein paar bunte Pillen parat. Anders halten die das hier doch auch gar nicht aus bei einem Lärm, dass es einer Sau graust." Stefan zeigte sich von der Idee weniger begeistert: „Mag ja sein. Aber das ist ungesund. Also, nicht das Altbier, Drogen sind ungesund. Und unser Prinz sieht für mein Empfinden schon krank genug aus. Und was an den Drogen im Gegensatz zum Altbier noch schlimmer ist: Sie sind auch noch illegal. Stell dir vor, das kommt raus: ‚Bonner Uniformierte in Düsseldorfer Heavy Metal-Bar an Weiberfastnacht beim Dealen erwischt.' Mir wird ganz schlecht, wenn ich an die Schlagzeilen denke!"

„Dann sollte dir noch schlechter werden, wenn du dir vorstellst, was passiert, wenn wir hier nicht weiterkommen. Das hat Hans der Zweite schon cool geregelt mit dem Schuppen hier. Hier kennt uns jedenfalls keiner. Karnevalistische Diaspora. Die erkennen nicht mal unsere Schiffchen. Wie die aussehen, würden die wahrscheinlich nicht mal mehr ihre eigene Mutter wiedererkennen. Guck dich mal um!"

Resigniert zuckte Stefan mit den Schultern. „Okay, dann mach! Aber erspar mir die Details. Dann habe ich es wenigstens nicht gewusst." Er wies mit der Hand in Richtung Pit. Dieser scheinheilige Patron, dachte Willi und machte sich auf zur Theke, während Stefan sein Handy zückte und gewohnt dienstbeflissen, aber ungewohnt widerwillig den Kommandanten auf den neuesten Stand brachte.

***

Karl Heinz begleitete Josi und Kai nach Hause, nachdem er die fürstliche Rechnung bezahlt hatte. Was tat man nicht alles für den Verein? Josi hatte sich ein wenig gefasst. Sie hatte zwar das Essen kaum angerührt, aber angesichts der Situation konnte man auch kaum etwas anderes erwarten. Sie kompensierte den fehlenden Hunger mit umso mehr Grappa. Und Kai tat es ihr nach. Karl Heinz wusste schon, dass Hans und sie um ihre Beziehung eine gewisse Show gemacht hatten. Aber trotzdem hatte sie vieles verbunden, worauf er immer ein wenig neidisch geblickt hatte. Sie tat ihm leid. Erst den Mann tot aufzufinden und dann die Kraft zu suchen, dessen Vermächtnis umzusetzen. Nicht zuletzt, damit sie ihren minderbemittelten Sohn absichern konnte. Von ihrem geliebten Hans Abschied nehmen zu müssen, die Trauer aber nicht offen ausleben zu dürfen, damit vor dem Ende der Session keiner etwas von seinem Tod erführe, war eine mehr als ungerechte Bürde, die Hans ihr auferlegt hatte. Das passte eigentlich nicht zu ihm. Karl Heinz konnte sich nicht erklären, warum Hans sie offenbar bewusst in eine solche Lage gebracht hatte.

Karl Heinz brachte beide ins Bett, verzichtete aber aus verständlichen Gründen auf den Gute-Nacht-Kuss auf Kais Stirn. So weit ging sein Mitleid mit ihm denn doch nicht. Und seine christliche Menschenliebe erst recht nicht. Von väterlichen Gefühlen zu diesem Irren konnte auch nicht die Rede sein. Schließlich hatte er genug in den Grappa investiert, um darum herumzukommen. Er rief kurz seine Frau an, um ihr zu sagen, dass er heute Abend nicht käme, und traf dann im Wohnzimmer unerwartet auf Marius.

Der Verdacht

Karl Heinz erschreckte sich fast zu Tode, als er in einer dunklen Ecke eine Bewegung ausmachte. Denn da saß Marius, eingetaucht in die Dunkelheit des Raumes, in Hans' Schaukelstuhl, die Augen starr auf den nicht brennenden Kamin gerichtet, nur von dem Qualm seiner Pfeife umgeben. Für Karl Heinz war das eine Seite, die er an seinem Doc bis dahin gar nicht gekannt hatte. Er schaukelte vor sich hin, mit einer Flasche Malt Whisky neben sich, die, wenn Karl Heinz sich nicht täuschte, überraschend leer war.

„Marius, was ist los? Du solltest doch nur ein wenig grübeln. Und Leiche gucken. Aber du siehst aus, als hättest du einen Geist gesehen. Ich würde meinen, du bist blasser als unser Hans. Und, wenn du die Flasche bis dahin allein getrunken hast, bald auch toter als er."

Marius hatte den Blick immer noch auf sein Glas gerichtet, schaute Karl Heinz nicht einmal an und fragte nur, fast beiläufig, als würde es ihn nicht interessieren: „Was gibt es aus Düsseldorf?"

Marius hatte eine seltene Gabe: Er konnte Malt Whisky trinken wie andere Kölsch und trotzdem noch reden. Wie in Trance, aber vergleichsweise klar. Das Reden hatte er Zeit seines Lebens immer besser beherrscht als die Bewegung, weswegen er dieses Geschick bei übermäßigem Alkoholkonsum zuletzt verlor.

Karl Heinz antwortete und war sich sicher, dass sein Doc das alles schon noch verstehen würde: „Sie haben ihn. Aber in einem desolaten Zustand. Schlimmer als deiner. Sie wollen versuchen, ihn wieder flott zu machen. Frank hat da wohl eine Quelle mit lauter Pillen zum Fit werden."

„Wie, einen Arzt?"

„Naja, das nicht gerade. Der Wirt hat wohl mal mit dem Zeug gedealt und soll sich auskennen, hoffe ich jedenfalls. Aber das wirst du, so wie ich dich kenne, gar nicht so genau wissen wollen. Nebenbei bemerkt, kann ich mich nicht erinnern, dass du oder einer deiner Kollegen mich jemals nach akutem Altbiermissbrauch wieder fit gemacht hättet. Da müssen schon andere Mittel ran. Hans hat morgen immerhin einiges vor."

„Du hattest auch noch nie akuten Altbiermissbrauch vorzuweisen, lieber Karl Heinz. Aber Spaß beiseite. Das ist nicht mehr lustig. Nicht nur Hans der Zweite sollte mit der Einnahme bunter Pillen vorsichtig sein. Auch unser Hans der Erste macht mir Sorgen."

„Wieso, den können wir ja kaum mehr durch Chemie wieder lebendig machen." Karl Heinz blickte zu Marius. Etwas am Ausdruck seiner Augen missfiel ihm. Er hatte ihn das letzte Mal so erlebt, als sein Sohn zum Islam übergelaufen war. Das war ja noch nicht mal das große Übel gewesen. Dass er sich aber hatte beschneiden lassen, ohne Marius' medizinischen Rat einzuholen, war eine Kränkung sondergleichen gewesen. Zu seiner großen Zufriedenheit war der Eingriff aber auch ohne sein

Zutun an dem damals Zwanzigjährigen zufriedenstellend verlaufen, so dass er sich heute an zwei Enkeln erfreuen konnte, die er heiß und innig liebte. Karl Heinz rief sich in die Gegenwart zurück. Er musste dieser seltenen Gemütslage des Docs auf den Grund gehen. „Wovon zum Teufel redest du eigentlich? Was macht dir an unserem Hans denn so große Sorgen? Der hat mit seinem Leben doch abgeschlossen."

„Ja", meinte der Doc leise, „Abgeschlossen sicher. Aber ich bin nicht ganz sicher, wer die Tür hat ins Schloss fallen lassen."

„Marius, Klartext bitte. Für Wortspielereien habe ich gerade wenig Sinn."

„Also gut, wenn ich mich nicht täusche ..." Er zögerte.

„Klartext, Marius!"

„Also, wenn du es so willst: Er ist vergiftet worden, noch bevor er an der Strippe gehangen hat. Und verdächtig sind in erster Linie für mich ... Josi und Kai."

Im verbotenen Keller

Willi hatte sich zu Frank und Pit begeben. Frank stand mit überkreuzten Armen neben Pit, als wolle er ihn beschützen. Wobei das wohl kaum nötig sein würde, wie Willi jetzt klar wurde. Pit hatte seinen Spitznamen sicher nicht umsonst. Er hätte gewettet, dass er mit Nachnamen Bull hieß. Denn genauso sah er aus: Ein kurz geschorenes Kampfpaket, kleine spitze Ohren und zusammengekniffene, kalte, braune Augen. Leichter Überbiss. Egal. Frank sah trotzdem nicht so aus, als wollte er seinen Platz neben Pit räumen. Und letztlich war das Willi jetzt auch egal. Frank hatte wieder zu seinem üblichen Ton zurückgefunden und fragte: „Na, hätt Ihre Herrlichkeit et hinger sich? Da weed us Ihrer Tollität doch janz schnell widder ne versoffene Bürjerlichkeit, wat?"

Willi beschloss, das erneut zu überhören. Schließlich war er auch eben im Auto mit Höflichkeit weitergekommen. „Frank, bitte, don me ene Jefalle! Ihr habt doch bestimmt Mittel und Wege, wie wir den Prinzen wieder auf die Beine bekommen. Wenn ihr ein paar Tage am Ring oder in Wacken auf euren Festivals abrockt, da habt ihr doch Erfahrungen mit stärkerem als Altbier, oder?"

„Was meinst du denn damit?", spielte Pit den Empörten, grinste aber bei genauerer Betrachtung tief in sich hinein. „Wir tun hier doch nichts Verbotenes."

„Pit, ich will dir nichts unterstellen. Ich bin da offen. Der eine bevorzugt Bier, das ist zwar natürlich, geht aber auf die Dauer aufs Gewicht. Der andere steht auf bunte Pillen. Jedem Dierche sing Plaisierche. Da gibt es doch sicher was, womit wir den Prinz wieder hinbekommen. Ich zahle auch, was du willst."

„Ich hätte da ein paar blaue im Angebot. Da steht dein Prinz wieder wie 'ne Eins. Besser als vorher."

„Mann, Pit. Um meinen Prinzen geht es hier nicht. Also, verdammt, Pit. Sehe ich so aus? Ich will nur, dass der, also Hans, wieder auf der BÜHNE stehen und reden kann. Also, ich zahle dafür."

„Was ich will?", fragte Pit hellhörig nach.

„Ja, wenn ich kann." Hoffentlich hatte Willi damit den Mund nicht zu voll genommen.

„Okay, Jung. Ich kann auch nicht zaubern. Erst schafft ihr den nach oben in meine Hütte und helft ein wenig der Natur nach. Daran mache ich mir meine Hände nicht schmutzig. Aber Dienstleistungen dieser Art sind den Lakaien seiner Majestät sicher nicht fremd," meinte Pit abschätzig.

„Das geht aber dann doch zu weit", wandte Willi ein. „Meine Hand war noch in keinem Rachen außer in meinem."

„Um meine bunten Pillen da reinzukriegen, müssen wir erst mal für Platz sorgen."

„Oh wei, was tut man nicht alles als echter Stadtsoldat?", seufzte Willi, der sah, dass dieser Kelch nicht an ihm vorübergehen würde. „Und die Gegenleistung?", fasste er vorsichtig nach. Jetzt wendete Pit sich an Frank: „Frank, hilf dem uniformierten Fatzke dahinten, die Lieblichkeit, oder wie immer der genannt wird, nach oben zu bringen. Du kennst dich ja aus. Das schafft das Hemd nicht allein. Ich kümmere mich mit unserem Freund hier um das Geschäftliche." Gesagt getan. Und wer seine Hand hergeben musste, dürfte allen klar sein.

Wirre Gedanken

Fassungslos starrte Karl Heinz den Doc an. „Du meinst, Josi oder Kai hätten…?" Er konnte den unfassbaren Gedanken nicht zu Ende bringen.

„Denk doch mal nach, Karl Heinz! Als wir kamen, war Hans schon oben im Bett. An der Heizung erhängt gesehen haben wir ihn gar nicht. Und wie zum Teufel soll Josi ihn da allein hoch bekommen haben? Die Story mit der Heizung kam mir gleich komisch vor. Aber wer denkt sich so etwas Abwegiges schon aus? Das klang für mich so unwahrscheinlich, dass ich es geglaubt habe."

„Und welches Motiv sollte dahinter stecken?", hakte Karl Heinz widerwillig nach.

„Weiß ich auch noch nicht. Wer kann schon wissen, was Kai so denkt? Dem trau ich aber alles zu. Vielleicht hat er nur mal was an seinem Chemiebaukasten ausprobiert. Keine Ahnung, was in so einem kranken Hirn vorgeht. Aber Josi! Entweder gab es Streit, er ist fremdgegangen oder die Liebe war doch nicht mehr so groß, wie wir alle gedacht haben. Oder…"

„Oder was?"

„Oder", fuhr Marius fort, „die ist ausgeschlafener, als wir gedacht haben, und zwingt uns wegen der Lebensversicherung, ihren Mord zu vertuschen. Wir haben mit dem blöden Testament ja selbst ein Interesse daran. Und wer kann schon sagen, ob er das Vermächtnis wirklich selbst geschrieben hat? Reimen kann ja fast jeder."

„Und wie kommt der Pajass hierhin? Und der Prinz nach Düsseldorf? Wenn tatsächlich Josi dahintersteckt, dann war das kein spontaner Tot-

schlag, sondern kaltblütiger Mord", resümierte der Kommandant geschockt und genehmigte sich auch einen Malt Whisky.

Patient verladen

Stefan hatte sich jetzt neben Willi auf die Rückbank gesetzt. Das
passte ihm zwar nicht, weil es die Hierarchien ins Wanken brachte,
aber immerhin saß kein Geringerer als der Prinz vorne, dem er auch
im Normalfall als Interimsvorgesetztem den Vortritt hätte lassen müssen. Und zum anderen hatte die Neugier überwogen, womit Willi Pits
Schamanen-Medizin, wie er es für sich beschlossen hatte zu nennen,
entlohnen wollte. Vorne, da war er sicher, würde sie keiner verstehen,
zumal Hans der Zweite wegen akuten Sauerstoffentzuges und immer
noch anhaltender Magenprobleme das Fenster geöffnet hatte, so dass
es im Auto nicht nur klirrend kalt, sondern auch ohrenbetäubend laut
war. Zu allem Überfluss musste jetzt Frank mit seiner Musik auch noch
die Fahrgeräusche übertönen, was die akustische Gesamtsituation nicht
besser machte. Alles für den Prinzen und alles für den Club, dachte Stefan und wendete sich an Willi: „Willi, was hast du dem bezahlt?"
„Jar nix", grinste Willi ihn verschmitzt an.
„Gar nichts?!", fragte Stefan, dessen Sorge wie immer zuerst der Kasse
galt. „Wirklich gar nichts? Das wäre zu schön, um es zu glauben!"
Willis Blick, soweit er diesen in der Dunkelheit erhaschen konnte, ließ
keinen anderen Schluss zu.
„Es gibt doch noch Idealisten und echte Fans des Bönnschen Karnevals.
Selbst Düsseldorfer Monsterrocker haben ein Herz für den Bonner Kar-
neval. Wie schön ist das denn?", sagte Stefan gerührt. Da hatte er den
guten alten Düsseldorfern wohl über all die Jahre Unrecht getan. Seine
Rührung währte aber nur so lange, bis Willi dann doch eine unerwartete
Antwort gab: „Naja, Idealist vielleicht schon. Ein wenig. Und Fan auch.
Aber, hm, Fan vom Bönnschen Karneval? Net esu janz."

„Wie jetzt genau? Wie meinst du das denn nun schon wieder?"

„Ich habe zwar gesagt: Gar nichts. Aber das heißt: Bisher noch gar nichts."

„Also doch Geld. Was zählt hier denn sonst schon in dieser Stadt des Großkapitals? Ich hätte es besser wissen müssen", verfluchte Stefan seine Naivität. Drecks Arschlöcher vom Stamme der Neandertaler!

„Nein, er ist schon Fan, das muss man ihm lassen. Fan vom *Kölner* Karneval. Und da müssen wir ihm helfen."

„Von Köln? Ein Düsseldorfer! Das wird ja immer besser", entfuhr es Stefan.

„Naja, als Düsseldorfer Monsterrocker hat man in Köln eben nicht die besten Karten. Um nicht zu sagen: Mer küt net draan."

„Willi, rück raus mit der Sprache!" Stefan wurde immer ungeduldiger.

„Er will Karten für die große Sitzung der Kölner Prinzengarde am Tisch des OB für nächstes Jahr und Plätze auf der WDR-Bühne am Rosenmontag. Für dieses Jahr noch. Dat Janze muss natürlich klammheimlich geschehen. Sonst könnte er es ja auch über eBay oder so versuchen. Hier darf das natürlich keiner wissen, auch Frank nicht. Nicht gut für die Bikerehre, wenn der Pit Bull als rosa Mümmelmann im Häschenkostüm im Kölner Karneval auftritt. Das ist unser Geheimnis, sozusagen."

„Den da unterbringen?! Wegen Hans! Der Idiot! Der hatte sie ja wohl nicht mehr alle zum Schluss! Ein Häschen für unser Hänschen. Im Kölner Karneval. Ich werd beklopp! Wie dat dann? Mensch, Willi! Eher ne Audienz beim Papst als das!"

„Mann, wo bleibt deine Kreativität? Dafür haben wir ja dich und Karl Heinz. Und wieso, ihn da unterbringen? Der will doch nicht allein dahin. Der braucht vier Karten. Für ihn und seine engsten Vertrauten."

Jetzt war Stefan aus Wut und Verzweiflung einem Heulanfall nah. Und Willi fuhr noch fort: „Un du häss vor eener Stunde och jesaat, mir krije der Prinz nit widder op de Damm. Da hattest du auch schon resigniert. Wenn ich mich nicht janz täusche, summt der add widder das Prinzenlied vor sich hin. Also erzähl mir nicht schon wieder, was alles warum nicht geht. Denk lieber drüber nach, wie es geht." Das tat Willi gut. Den Stil hatte er sich im Laufe der Jahre, wie er jetzt merkte, offenbar bei Karl Heinz abgehört. Vielleicht hatte ihn das jetzt zwar seine nahegewähnte Beförderung gekostet. Aber der Triumph über Stefan war ihm eine Genugtuung. Selbstzufrieden lächelte er noch, als sie endlich – diesmal nur an einem – Ortseingangsschild „Bonn, Bundesstadt" vorbeifuhren.

Farbenfluch(t)

„Karl Heinz, ich mache da nicht mit," resümierte Marius, nachdem sie eine Weile schweigend und in ihr Glas starrend dagesessen hatten. „Die Tantiemen interessieren mich nicht und haben mich noch nie interessiert. Ich habe das geduldet, weil sie dem Verein zugute kamen. Und bevor Jupp das Geld versoffen hätte, konnten wir damit unser Kindercorps unterstützen. Da war das Geld allemal besser untergebracht. Ich mag das mehr pragmatisch als moralisch gehandhabt haben. Das passt eigentlich nicht zu mir. Du tust mich immer als den Gutmenschen ab. Durch und durch bin ich das leider nicht. Ich habe mir angewöhnt, nicht nach dem heutigen Stand zu beurteilen, ob Entscheidungen richtig oder falsch waren, sondern gnädig mit mir und auch den meisten anderen zu sein. Was früher war, muss aus der damaligen Situation heraus betrachtet werden. Nur so findet man seinen Frieden mit früheren Entscheidungen. Heute würde ich wahrscheinlich anders handeln. Warum ihr es nicht besser gemacht habt, weiß ich nicht. Wahrscheinlich habt ihr euch alle zu sehr an die Lüge gewöhnt und deren Annehmlichkeiten viel zu sehr schätzen gelernt, als dass ihr heute darauf verzichten wolltet. Aber lass mich nicht für eine Entscheidung Reue zeigen müssen, die ich heute fast schon vergessen hatte."

„Ja, hältst du es jetzt mit Adenauer?", fragte Karl Heinz bissig nach. „Sich nicht mehr erinnern wollen an das, was gestern geschehen ist, die Hände in Unschuld waschen – das könnt ihr Ärzte immer gut!"

„Karl Heinz: ES WAR NICHT GESTERN. Das ist zwanzig Jahre her! Ich war einige Jahre jünger als ihr. Und ihr wart nicht nur älter, sondern auch immer deutlich, nennen wir es mal ,lebensnaher', als ich es je sein konnte. Ihr würdet wohl eher den Ausdruck ,abgewichster' benutzen. So wollte ich nämlich nie werden. Ich dachte, die Sache mit Jupp wäre mit Anstand zu Ende gegangen. Teufel noch mal! Ich war gerade knapp über zwanzig. Habe auch nicht nachgefragt. Aber alle schienen zufrieden. Ich dachte, ihr hättet das unter euch ausgemacht. Dachte, na, diese erfahrenen Haudegen wissen schon, was sie tun. Bis jetzt."

Sie sahen betreten zu Boden. Karl Heinz hatte für sich immer entschieden, dass so ein Moralapostel wie Marius sie schon gewarnt hätte, sollten sie wirklich einmal über die Stränge schlagen. Aber wenn er jetzt so zurückdachte, musste er sich eingestehen, dass Marius, der gerade mal kurz in der Band als Neueinsteiger für einen kurzfristig auf ein Kreuzfahrtschiff abgewanderten Klavierspieler dazugekommen war und überdies noch nicht einmal seine Vereidigung als Stadtsoldat hinter sich hatte, damals gar nicht hatte mithalten können. Er war unglücklicherweise mehr ins Vertrauen gezogen worden, als ihm bekommen war. Und sie alle hatten nicht bemerkt, dass er noch nicht so weit war. Leider war er es eben auch heute noch nicht. Vielleicht würde sich sein Anstand ja später einmal lohnen. Jetzt aber war für Feingeistigkeit dieser Art sicher keine Zeit.

„Marius, komm wieder runter. Wir haben jetzt anderes zu klären. Können wir das nicht später mal in aller Ruhe besprechen?", versuchte der Kommandant das Gespräch wieder in zielführendere Bahnen zu bringen.

„Karl Heinz, wir können sicher über alles reden. Ich glaube nur nicht, dass du das später noch tun willst. Ich kann mich von der Verantwortung für früher sicher nicht ganz freisprechen. Aber das hier ist eine ganz andere Sache. Das geht zu weit. Hier geht es nicht darum, mal eben eine Kleinigkeit unter den Teppich zu kehren. Hier geht es um MORD. Geht das in deinen verbohrten Dickschädel nicht rein? Mord! Und nicht um ein Kapitelchen in deinen Memoiren. Ich kann es nicht mit mir vereinbaren, einen Mörder davonkommen zu lassen, nur damit alles seinen gewohnten Gang geht. Ich fand es schon reichlich krank, wie alle Hebel in Bewegung gesetzt wurden, als Hans gerade erst die Augen geschlossen hatte, und das nur, damit ihr in der Öffentlichkeit nicht als Betrüger dasteht und die Finanzen gesichert sind. Wir haben auch

Hans gegenüber eine Verantwortung. Und wenn er ermordet wurde, sei es auch von Josi oder seinem Sohn, so gehört das aufgeklärt."

Marius ließ das Gesprochene im Raum stehen und blickte hoffnungsvoll auf seinen Kommandanten. Er wusste, er hatte es schwer, hier eine Entscheidung zu treffen zwischen dem Verein, was für Karl Heinz mit dem Allgemeinwohl gleichzusetzen war, und der Einzelfallgerechtigkeit, der Aufklärung von Hans' Tod. Marius war ein Romantiker, obwohl er wusste, welche Bedeutung Geld für seine Kollegen und im Besonderen für Karl Heinz stets gehabt hatte und immer noch hatte. Auch, wenn der seit Jahren schwarze Zahlen schrieb und kaum mehr die Gelegenheit bekommen würde, sein ganzes Vermögen selbst auszugeben. Auch seine Nachkommen müssten sich dafür sehr anstrengen. Er musste einen Spagat schaffen, um zum einen den Verein und seinen Fortbestand zu sichern und zum anderen seine moralische Rechtfertigung zu finden. Und schon in seiner Karriere als Tanzoffizier hatte Karl Heinz den Spagat nie wirklich gut hinbekommen. Bis jetzt war der Kommandant stets mit der einfachen Rechtfertigung hingekommen, dass der Zweck die Mittel schon heiligen würde. Und zur Not, wenn er doch einmal in einen Konflikt geriete, gab es immer noch einen Mann der Kirche (zumindest aus dem Gemeinderat), der dem Weltlichen wie dem weniger Weltlichen so zugewandt war, dass man sich von da seine Absolution holen konnte. Ob man diese vom Stellvertreter Gottes, vom Stellvertreter des Stellvertreters Gottes oder vom Stellvertreter des Stellvertreters des Stellvertreters Gottes usw. bekam, spielte ja letztlich keine Rolle. Und so fand sich immer eine Erklärung dafür, dass das Erreichen des höheren Ziels Opfer erforderte, die es hinzunehmen galt. Aber mit einem Mord hatte auch Karl Heinz es noch nie zu tun gehabt.

Während Marius hierüber noch nachdachte, kam zu seiner Überraschung eine Reaktion seines Kommandanten. „Marius, manchmal schuldet die Pflicht eben Opfer. Ich muss mich zum Glück nicht daran erinnern, jemals einem solchen Dilemma ausgesetzt gewesen zu sein. Alle denkbaren Alternativen sind gleichermaßen beschissen", meinte Karl Heinz und ließ Marius hoffen. „Nicht mal, als damals, als... Naja, egal. Ich war auch mit Hans befreundet. Bin es aber ebenso mit Josi. Und für Kai habe ich zumindest irgendwie einen Hauch von Verantwor-

tungsgefühl. Aber daneben steht eben auch die Verantwortung für den Verein. Weißt du, wie viele Eltern ihren Kindern den Karneval nicht mehr finanzieren können, wenn unsere Unterstützung wegfällt? Unser Nachwuchs, Marius. Davon gibt es, weiß Gott, nicht viel. Wenn das Brauchtum sich die Kinder nicht mehr leisten kann, war es das auch bald mit dem Brauchtum. Die nehmen dann nur noch an fragwürdigen Casting-Sendungen teil, zocken am Computer oder machen sonst was. Es geht hier nicht nur um Geld. Es geht um höhere Werte, die wir schützen müssen. Du kennst den alten Spruch: Die eine Generation verdient es, die nächste vermehrt es, die darauf verliert es. Ich bin zweite Generation. Nach mir ist Ende. Meine Kinder hassen den Karneval, wohl, weil sie mich darüber zu sehr vermissen mussten. Der Verein muss sich ohne mich tragen können. Und es gibt nichts Besseres zur Zukunftssicherung für den Verein als die Tantiemen auf dieses Lied. Denk mal daran, was die Erben von Elvis heute noch in die Kasse gespült bekommen, wenn ‚In the Ghetto‘ gespielt wird. Auch über den Tod aller Beteiligten hinaus wird unser Lied den Fortbestand des Vereins sichern. Unabhängig von allen Erbschaftsfragen. Ich habe mich dem Verein verschrieben. Dem Brauchtum. Das ist mein Lebenswerk und das meiner Väter. Und deswegen hat man mir die Geschicke des Vereins anvertraut. Es fällt mir nicht leicht, aber wenn du mich vor die Entscheidung stellst, entweder alles aufs Spiel zu setzen oder Hans' Tod aufzuklären, kann es für mich nur eine Antwort geben. Und ich glaube, das hätte auch Hans gewollt."
Marius nickte langsam. „Tu du, was du für richtig hältst, ich tue das Meine." Er stand auf und machte sich auf den Weg zum Ausgang. Jeder hatte seine Position deutlich gemacht. Und keiner hatte eine Wahl, jedenfalls nicht, wenn er seiner Natur nachging.
„Marius."
Marius, schon an der Tür, blieb stehen.
„Marius, wenn du nicht weißt, was du zu lassen hast, ich schon. Ab heute sind wir nicht mehr rot-blau zusammen, sondern blau-rot gegeneinander, also Feinde an unterschiedlichen Fronten."
Marius wusste, was gemeint war: Rot-Blau waren die Farben ihres rechtsrheinischen Vereins. Der andere Ruf galt der Konkurrenz auf der linken Seite des Rheins. Für Karl Heinz war Marius jetzt mindestens ein

Deserteur oder noch schlimmer. Marius hatte die Botschaft verstanden und ging, ohne sich nach ihm umzudrehen. Im Hinausgehen rief er: „Bis Aschermittwoch hast du Zeit, Karl Heinz. Dann ist Schluss und ich gehe zur Polizei. Wenn nicht mir dir, dann ohne dich."

Prinzenreim

Etwa eine halbe Stunde später erschien die Delegation aus Düsseldorf in Josis Wohnzimmer, in dem Karl Heinz, immer noch schnaubend vor Wut, die Stellung gehalten hatte. Frank ging sogleich zu Kai nach oben und brachte bloß ein „Mahlzeit, Herr Kommandant" heraus. In seinem Gefolge: Stefan, noch akkurat, aber sichtlich erschöpft, Willi, entspannt lächelnd und mit Hans dem Zweiten im Schlepptau, der zwar schwächelte, aber immerhin auf zwei Beinen stand.

„Oh Mann, dat wor en Tour!", begann Willi zu erzählen.

„Hör auf zu jammern, Willi."

„Ich hab doch noch ja nit…"

„Dann fang eben gar nicht erst an. Das hier war auch kein Austernschlecken", unterbrach ihn Karl Heinz und erinnerte sich im gleichen Moment weniger an die Austern von eben als an das hervorragende Carpaccio.

„Karl Heinz, wir sind froh, dass wir unseren Prinzen hier herbringen konnten. Hat uns eine Menge gekostet. Nicht nur an Geld", ergänzte Stefan müde. Eigentlich wollte Willi anfangen, das Wort „uns" näher zu erklären und seinen engagierten Einsatz zu beschreiben, doch Karl Heinz ließ ihn nicht zu Wort kommen. Er kannte Stefan und Willi schließlich gut genug und wollte jedwede Schilderung in epischer Breite vermeiden. Ihre Erlebnisse in der verbotenen Stadt konnten sie irgendwann, wenn es vorbei war, gerne an der Theke erzählen, als Bühnenduett aufführen oder von ihm aus auf dem Klo zum Besten geben. Ihm war es egal, wer was wann getan hatte, Hauptsache, es war getan. „Also, was habt ihr erfahren?"

„Frag den Prinz doch selbst!", entfuhr es Willi jäh, der es nun bald echt leid war. Keiner interessierte sich für seinen tatkräftigen Einsatz, der aus dem abgesoffenen Prinzen ohne Pajass und ohne funktionstüchtige Beine erst wieder einen auf zwei Beinen gemacht hatte.

Karl Heinz ignorierte Willis Schmollen und wendete sich stattdessen erwartungsvoll direkt an den Prinzen: „Hans, du weißt, wir unterstützen dich, wo immer wir können. Wir bringen dich mitsamt dem Pajass in die Hofburg zurück und du kannst morgen so weitermachen, als hätte es den heutigen Tag nicht gegeben. Aber wir brauchen dich jetzt auch mal ganz kurz. Hör zu! Dein Namensvorgänger und Freund Hans hat dir etwas anvertraut, was an uns weiterzugeben ist. Stichwort: Holland in Not. Sagt dir das was?"

Der Prinz sackte kurz in sich zusammen, nahm den Pajass vor den Mund, den er nie wieder aus der Hand geben würde, und murmelte: „Ja. Es gab da eine Sache, die er mir noch gestern gesagt hat. Kam mir irgendwie seltsam vor. Klang so nach Abschied. Unheimlich eigentlich, wenn ich so darüber nachdenke."

Dann lass es doch am besten auch, dachte Karl Heinz, schwieg aber.

„Wenn dich einmal verzweifelte Freunde nach meiner letzten Botschaft fragen, so sollen sie nach meinem alten Testament suchen, das ihnen die Richtung zu dem neuen weist. Ich habe das nicht verstanden. Dann sagte er noch: ‚Das alte Testament findest du in der Kirche.' Ich habe dann gefragt, in welcher Kirche. Und er meinte nur lapidar: ‚Es gibt nur eine. Eine Kirche, ein Glaube, ein Testament.' Ich habe nur geantwortet, dass die katholische Kirche doch zwei Testamente kennt. Und dann sagte er, dass er darüber weit hinaus sei. Und fing wieder mit so einem merkwürdigen Reim an. Wartet mal, wie war das noch? Fing mit dem Namen von so einem Kinderquiz an. Habe ich früher oft gesehen. Wie hieß das denn noch?"

Rätselnd sahen sie sich an.

„Bin sicher, der Doc wüsste das. Hat der bestimmt auch früher gesehen. Wir hatten ja nicht so viel Auswahl damals."

„Hans, bitte. Unser aller Bedauern für deine traurige Fernsehjugend. Aber denk mal nach!"

„Klar, bei eurer Generation kann ich dafür kaum auf Verständnis hoffen.

Ihr hattet es ja noch deutlich schwerer. Ihr seid ja mit dem Reichsfunk und der Wochenschau groß geworden", lachte Hans.

„Hans, bitte, reiß dich zusammen!"

„Ist ja schon gut, nicht so humorlos. Wir sind im Karneval!"

„Danach sahst du vor zwei Stunden aber nicht aus", murrte jetzt auch noch Stefan.

„Na gut, kleine Pause. Alle auch einen Whisky?", fragte Karl Heinz.

„Wie viel darf ich einschenken? Eins?"

Stefan nickte stumm.

„Zwei, du auch, Willi? Ich glaub die Drei lass ich besser aus, wenn ich mir dich so ansehe, Hans."

„Das ist es! Damit fing es an."

„Mit Whisky?", hakte Willi erstaunt nach.

„Quatsch, das Gedicht von Hans. Also, wenn ich mich recht erinnere, ging das so:

> *,Eins, zwei, drei oder vier.*
> *Ihr müsst euch entscheiden,*
> *Je mehr ihr findet,*
> *desto mehr habt ihr!'*

Und dann schwafelte er noch etwas anderes Wirres. Man hätte meinen können, es wäre Kai, der da redet. Irgendetwas von: Der Weg zum Tod, die Entdeckung, die Auferstehung, der Weg der Erkenntnis und… Den Rest ließ er offen. Und dann wieder was von mehreren Testamenten. Warum fragt ihr ihn das eigentlich nicht selber, wo wir doch schon bei ihm im Wohnzimmer sind? Wo ist der überhaupt, dass du hier den Hausherren gibst, Karl Heinz?"

„Durchgebrannt. In irgendeinem Club. Wir wissen es nicht. Mach dir darüber nicht auch noch Gedanken, Hans. Du musst morgen wieder fit und ganz Prinz sein. Das bist du dem Karneval schuldig. Nur noch eins: In welche Kirche ging er? Kann er da etwas hinterlassen haben?"

„Einmal sagte er zu mir, hinten im Kreuzgang des Bonner Münsters hätte jeder einen geweihten Stein. Alljährlich bekommt das neue Prinzenpaar so einen kurz nach der Messe zur Karnevalszeit. Die Pflanzen im

Garten des Kreuzgangs tragen den Namen des Prinzen in sich. Unser Stein ist der neben dem Johanniskraut. Das ist ja eigentlich ganz einfach, wenn man es weiß. Es gibt ja fast für jeden Namen einen Heiligen und irgendein Kraut, das nach ihm benannt wurde. Aber finde mal einen umdrehbaren Stein für einen Prinzen „Yüksel". Da eine Pflanze und einen Heiligen für zu finden, würde schwer. Ob es dann wohl eine Palme oder ein Opium-Bäumchen geben wird?" Und schon wieder warf sich Hans der Zweite weg über seinen eigenen Witz. Wird doch bald Zeit für Aschermittwoch, damit der mal wieder runterkommt, dachte Karl Heinz. Sonst meint der noch, er wäre wirklich witzig. Immer das gleiche Elend mit den Prinzen. Zum Ende der Session halten die sich immer für gut. Hans der Zweite machte aber nichts von den Gedanken des Kommandanten ahnend ungerührt weiter: „Egal mit dem Yüksel, so weit sind wir ja im Bönnschen Karneval noch nicht." Er hatte den Satz kaum zu Ende gesprochen, da schlief er ein. Selig lächelnd, den Pajass liebevoll umarmt mit den kaum hörbaren Worten „Mein Schatz…" auf den Lippen.

Die Beichte

Während sich Willi und Stefan noch über Hans amüsierten, hatte Karl Heinz schon weiter gedacht und schaffte sofort ein Klima konstruktiver Unruhe: „Stefan, du hast doch die Nummer vom Stadtdechanten. Wir müssen ins Münster. Ganz schnell."
Stefan starrte ihn ungläubig an: „Damit der ganz schnell weiß, dass hier was nicht stimmt oder was? Wie stellst du dir das denn vor? Und auch noch um die Zeit!"
„Nimm das blöde Fragezeichen aus dem Gesicht und unternimm was! Wir müssen in den Kreuzgang. Da gibt es eine Botschaft für uns."
„Und was soll ich dem erzählen, dem Stadtdechanten? Dass wir komische Botschaften haben, einen Toten im Bierkeller, der auf äußerst

unkatholische Weise aus dem Leben geschieden ist? Dabei darf aber natürlich nicht rauskommen, dass wir selber was zu verbergen haben, das können wir dem ja auch kaum in Form einer Beichte rüberbringen. Nachher will der noch die Kollekte um ein paar Tantiemen-Anteile aufstocken."

Der Kommandant wurde hellhörig. Wenn es um Geld ging, schaltete er stets noch einen Gang schneller als sonst. Mal eben in den Kreuzgang gehen, um da etwas zu suchen, fiele auf. Aber unfreiwillig hatte Stefan schon die Lösung genannt. „Das ist es, Stefan. Willi braucht eine Beichte. Du gehst mit ihm hin und während der beichtet, durchsuchst du den Kreuzgang bzw. den Garten."

„Tolle Idee, soweit ich weiß, war Willi seit der Kommunion nicht mehr da. Fällt ja schon ein wenig auf, meinst du nicht?"

„Ist doch umso besser. Das stärkt die Quote des Stadtdechanten in Sachen ,verlorener Sohn'. Und außerdem", der Kommandant musste verschmitzt lächeln, „haben wir den Stadtdechanten dann für minimal zwei Wochen beschäftigt. Oder, Willi?"

„Na, vielen Dank für euer Vertrauen! Mit mir könnt ihr et jo maache. Bin jeiht, dass ihr mir so ein aufregendes, lasterhaftes Leben voller Sünden zutraut. Und ich dachte, ihr haltet mich für langweilig", schmunzelte jetzt auch Willi und ergab sich in sein Schicksal.

Nachdem sie den Prinzen wieder gut in die Hofburg zurückgebracht hatten und noch für den nächsten Morgen eine Schnellreinigung seines Ornats bei der Beueler Wäscherei Heu organisiert hatten, kehrten sie zu Josi zurück. Keiner von ihnen wollte sie in ihrem Zustand mit Kai und Frank zurücklassen, auch wenn der Doc sie vorsorglich mit seinen immer am Mann präsenten Notfalltropfen versorgt hatte.

„Wo ist eigentlich unser Doc hin?", fragte Willi noch im Taxi und erkannte an Karl Heinz' bösem Blick, dass er sich für eine Antwort so lange gedulden müsste, bis sie wieder allein im Haus waren. Bein nächsten Whisky folgte dann, für Karl Heinz' Verhältnisse ungewöhnlich zurückhaltend, die Erklärung: „Ich weiß nicht so recht, wie ich es sagen soll. Er hat die Fronten gewechselt."

„Wie, die Fronten gewechselt? Übergelaufen zu den anderen? Mitten in der Session? Das geht aber nicht. Das gab es ja noch nie. Mindestens ein Jahr Uniformverbot. Eher länger."

„Verdammt, Stefan, denk doch nicht immer nur an die Vereinsstatuten. Ob du es glaubst oder nicht: Es gibt auch ein Leben außerhalb des Vereins. Lass es mich anders formulieren: Er unterstützt uns nicht mehr. Ist raus. Sucht nicht mehr mit. Kapiert?"

„Und wieso, wenn ich wenigstens noch fragen darf?"

Und jetzt berichtete Karl Heinz von Marius' Verdacht. Von den Spuren auf Hans' Lippen, Marius' Nachfrage bei seinem Vertrauten, der ersten vorsichtigen Verdachtsdiagnose zu Hans' wahrer Todesursache und von Marius' Annahme, dass als Täter nur zwei in Betracht kämen. Prompt war das nächste Glas fällig. Willi hatte es von ihnen am schlimmsten erwischt. Zu einem konstruktiven Gespräch war er nicht mehr in der Lage. Statt sich auf seine bevorstehende Beichte zu konzentrieren, murmelte er nur noch vor sich hin: „Meine Josi doch nicht." Hier wäre jedes Wort des Trostes umsonst gewesen.

Und so nahmen Karl Heinz und Stefan das Geschehen jetzt nur noch zu zweit in die Hand. Was Stefan, ehrlich gesagt, alles andere als recht war. Er hatte sich zwar schon oft seiner guten Kontakte gerühmt, diese aber tatsächlich noch niemals zu solch einer Uhrzeit in Anspruch genommen. Aber in Zeiten wie diesen war eben nichts normal. Da musste er wohl durch, wollte er sich nicht die Blöße geben, dass seine Kontakte eben doch nicht so gut waren, um Persönlichkeiten wie den Stadtdechanten ungestraft mal eben so aus dem Bett klingeln zu können. So wählte er beherzt die Nummer des Stadtdechanten. „Entschuldige die Störung, Klaus. Aber es ist dringend. Ich habe hier einen echten Notfall. Es geht um einen Freund von mir. Weißt du, der hat wohl Mist gebaut. Ist ein wenig, sagen wir mal, übergläubig und fürchtet das Höllenfeuer, wenn er nicht ganz schnell die Absolution eines Geistlichen bekommt. Der wäre eben schon am liebsten in den Rhein gesprungen, hätte ich ihn nicht im letzten Moment darauf hingewiesen, dass auch das eine Sünde wäre. Wie lange meine Laien-Predigt da vorhält, kann ich nicht vorhersagen. Wenn du also nicht noch ein Schäfchen verlieren willst, brauche ich für morgen gleich den ersten Termin zu Beichte. Block am besten auch die weiteren Termine. Der braucht Zeit…"

Müde klang es aus dem Hörer: „Stefan, bitte langsam, ja?" Aber dann war er offenbar wach und fuhr im Prediger-Modus fort: „Bist du eigentlich von allen guten Geistern verlassen? Wir haben fast noch Weiberfastnacht. Ich habe bei ungefähr 20 verschiedenen katholischen Frauenvereinigungen den Deppen geben müssen, die Pizza getanzt, meinen Namen und den des Papstes, den ich ja noch kaum kannte. Dabei musste ich die Damen noch davon abhalten, den Prinzen abzuknutschen. Dagegen ist die Karwoche ein Freudentanz. Ich bin hin. Und jetzt kommst du noch mit einem Beichtmarathon für morgen?"

„Es ist immerhin ein Sakrament. Das ist dein Job. Muss ich dich erst daran erinnern?"

„Ist ja gut. Ich habe doch gar nicht nein gesagt. Dafür habe ich aber einen gut bei dir. Das ist mal klar. Ich lass dich wissen, was dich das an Kamellen für den Kirchenchor kostet. Der geht ja auch am Montag mit. Reicht 9 Uhr?"

„Perfekt".

„Okay, geh dann hin in Frieden. Aber geh!"

Und als pflichtbewusster Katholik antwortete Stefan automatisch: „Dank sei Gott dem Herrn", und legte auf.

Nur geträumt?

Nach einer unruhigen Nacht wachte der Doc auf. Er hatte Kopfschmerzen, einen trockenen Mund und ein ganz komisches Gefühl im Bauch. Irgendetwas in ihm riet ihm, die Augen sicherheitshalber geschlossen zu halten. Vielleicht hätte er doch gestern besser noch eine Aspirin eingeworfen. Aber da war noch mehr als das typische Karnevalsfreitagsaufwachgefühl. Dunkel setzte sich in seinem Gehirn wieder etwas zusammen, etwas, das er gestern erlebt hatte und von dem er nur hoffen konnte , dass das alles wirklich nur ein Alptraum gewesen war. Er traute sich kaum, die Augen zu öffnen. Während er noch darüber nachgrübelte und sich kurz zur Seite drehte, spürte er einen Widerstand und riss, ohne es zu wollen, dann doch die Augen auf. Was er sah, nahm ihm seine letzte Hoffnung auf einen schlechten Traum: Neben und unter ihm lag ein Haufen kleiner Butterbrottütchen, entnommen aus Josis Küchenschublade und gefüllt mit Wattestäbchen, Blutproben und Haaren. Er erinnerte sich jetzt wieder daran, wie er noch vor Karl Heinz' Rückkehr die Beweise gesammelt hatte, in der vagen Hoffnung, dass es nicht nötig werden würde, weil er ihn überzeugen könnte, die Polizei zu rufen. Er war in die Küche gegangen, hatte aus dem Instinkt des gut erzogenen Ehegatten und Stromsparers die kaum gefüllte Spülmaschine ausgeschaltet, die Tür aufgezogen und dann nach Plastiktüten gesucht. Ihm war noch aufgefallen, wie aufgeräumt es hier war. Abgesehen von den Kaffeetassen, die sie selbst benutzt hatten, stand da nichts. In der Spülmaschine nur zwei Gläser. Na, Stromsparen geht aber anders, hatte er noch gedacht. Nur eine Brezel hatte einsam auf der Anrichte gelegen. Er hing so seinen Gedanken über Spülmaschine, Q-Tipps und Kaffeetassen nach, bis er bemerkte, dass er das nur tat, um sich nicht den Tatsachen stellen zu müssen. Aber es half nichts. Nach dem Gespräch mit Karl Heinz war überdeutlich geworden, dass er mit seinem Wunsch nach Aufklärung allein da stand. Aus dem Corpsdoc musste jetzt ein Corpsdetektiv werden. Er fand es noch zu früh, die Polizei zu rufen, obwohl er sich eingestehen musste, dass es „zu früh" angesichts eines Leichenfundes und ungeklärter Todesursache eigentlich nicht geben konnte. Aber was, wenn er die Polizei riefe und sich alles so bewahrheitete, wie Josi es geschildert hatte? Er wusste als Arzt natürlich, dass bei unklarer Ursache zunächst ein Arzt gerufen würde, um den Tod als natürlich zu bestätigen. Doch selbst, wenn sie das Glück hätten, auf einen einigermaßen untalentierten Gynäkologen im hausärztlichen Notdienst zu treffen, der noch nie eine Leiche gesehen hatte, so würden auch dem die Lippen auffallen. Und so hätten sie dann den Skandal. Pünktlich an Karneval. Genau das hatte Hans nicht gewollt. Erst, wenn er in eine Sackgasse geriete, würde er die Polizei alarmieren, beschloss der Doc. Sollte es je so weit kommen, so hätten die Zeit und die zunehmende Leichenstarre vielleicht auch die bläulichen Schatten oder die Würgemale verborgen. Also fasste er den Entschluss, es zunächst auf eigene Faust zu versuchen. Aber mit Hilfe. Vier Fäuste für ein Halleluja.

Marius drückte die Wahlwiederholung und rief erneut seinen Freund Hubertus an. „Du erinnerst dich doch an unser Gespräch", setzte er unbeholfen an.

„Marius, ich weiß ja nicht, was du gestern gemacht hast. Aber ich für meine Person pflege mich sehr wohl noch an die Telefonate des Vorabends zu erinnern. Schon gar, wenn mich mein lieber brauchtumsbesessener Freund aus der Rheinprovinz an einem für diesen so bedeutungsträchtigen Tag wie Weiberfastnacht anruft, statt mit seinen Vereinsfreunden sich selbst und den rheinischen Frohsinn zu begießen. Eher friert es in der Hölle, dachte ich, bevor du mich an einem solchen Feiertag anrufst, um ein medizinisches Fachgespräch zu führen. Deswegen musste ich damals sogar meine Hochzeit verschieben, wenn du dich erinnerst."

„Bitte, bitte keine Vorträge. Hast du Zeit? Ich brauche dich und dein Labor. Und das diskret. Ich habe hier ein Problem. So gut ich konnte, habe ich gesichert, was ich für nötig gehalten habe. Jetzt weiß ich nur nicht, wie gut die Toppits-Tütchen Q-Tipps mit Mundsekret konservieren, bevor gar nichts mehr an Spuren zu finden ist. Du musst mir also schnell helfen."

„Du hast großes Glück, dass du mich hast. Wie der Zufall das so will, bin ich gerade auf dem Weg ins Siebengebirge. Ich habe da einen Vortrag auf einer Tagung auf dem Petersberg zu halten. Ich bin in einer Stunde da. Komm hin und wir brunchen. Ich habe da einen Tisch im Kuppelsaal bestellt. Da kann man sicher noch ein Stühlchen anstellen. Und wie du dich anhörst, kann dir ein frischer Orangensaft als Abwechslung zum Gerstensaft nicht schaden."

Petersberg

Der Gedanke an den frischen Orangensaft ließ ihn ein wenig mehr Gas geben, als er vorbei am Beueler Rheinufer den Strom rheinaufwärts fuhr, dabei mal wieder auf der Elsa-Brändström-Straße hinter der Schule geblitzt wurde, um sich hinter dem Hauptsitz der Telekom auf die Autobahn zu begeben. Es war schon drollig. Es war Karnevalsfreitag. Aber auf dem Vorplatz der Telekom liefen die gleichen geklonten Anzugträger mit schwarzen Ziehköfferchen, auch Hackenporsche genannt, herum, wie an jedem anderen Tag. Hier ging das Leben offenbar seinen normalen Gang, als gäbe es rundum keinen Karneval. Als er die Serpentinen hoch zu dem ehemaligen Gästehaus der Bundesregierung in das jetzige Steigenberger Hotel fuhr, erwischte er sich dabei, wie er versuchte, die sieben Berge des Siebengebirges, zu dem der Petersberg gehörte, aufzuzählen. Das war Basiswissen in Heimatkunde, welches ihm seine Großmutter zu vermitteln versucht hatte. Bei jedem Waldspaziergang durch die wunderschöne bergige Landschaft entlang des Rheins. Genauso wie seine Großmutter hatte er es auch mit seinen Kindern getan und dabei immer wieder das Phänomen beobachtet, dass, egal wie oft und wie lange man auch zählte, am Schluss immer noch ein Berg fehlte. Klar, den Drachenfels als höchsten Berg der Niederlande hatte man immer dabei. Aber die anderen variierten. War wie ein Hütchenspiel. War einer da, war der andere wieder weg. Als er sich schon auf die Suche nach dem vermissten siebten Berg begeben wollte, unterbrach er sich, um sich ernsthaft zu fragen, ob er nicht andere Sorgen hatte. Wie immer, wenn er während der Session dieses Anwesen aufsuchte, lag auch heute Schnee, so dass er einige Minuten brauchte, um vom Parkplatz ins Innere zu rutschen. Höflich wies ihm ein Portier in Livree den Weg in den Kuppelsaal. Marius war – auch das war nicht neu, sondern angenehm vertraut – beeindruckt vom Ausblick auf das Rheintal. Bei diesem Anblick wurde ihm warm ums Herz. Wie schön konnte das Leben doch sein, wenn man es nur schön sein ließ. Sogar heute besserte das seine Stimmung auf, jedenfalls so lange, bis ihm vom ersten Fenstertisch aus sein Freund freudig erregt zuwinkte und ihm durch den halben Saal

zurief: „Na, mal nicht so eine Leichenbittermiene, mein lieber Freund."
Der hatte im Gegensatz zu ihm auch allen Grund zur Freude. Der frisch
gepresste Orangensaft war nun wirklich die geringste der aufgetischten
lukullischen Freuden, die sich sein Medizinerfreund aufgeladen hatte.
„Hubertus, bitte, mir ist gar nicht zum Lachen. Kann ich dir etwas
anvertrauen?"
„Na, ich bitte dich, dafür sind wir doch Bundesbrüder. Und außerdem,
wenn du das nicht genau wüsstest, wärest du bestimmt nicht hier und
schon gar nicht heute", sagte Hubertus selbstgefällig, nippte an seinem
Glas Champagner und hörte sich dann, sein Frühstück ungeniert ge-
nießend, Marius' Geschichte an. Einem gestandenen Gerichtsmediziner
und Zyniker wie Hubertus konnte man selbst mit dieser Story den Ap-
petit nicht verderben.

Klub, Kontakte, Karneval

Unterdessen waren auch der Kommandant, Stefan und Willi nicht
untätig geblieben. Während Willi und Stefan sich zur Beichte
aufmachten, begab sich Karl Heinz an seine Aufgabe. Das musste ja wohl
zu machen sein mit den Karten für diesen Pit. Wäre ja wohl gelacht. Eigentlich hatten sie von Pit ja schon bekommen, was sie wollten. Warum
sollte er sich da überhaupt noch ein Bein für den ausreißen? Andererseits
machten ihm solche Aufgaben ja auch Spaß. Ein bisschen mit Kontak-
ten spielen können und nicht einmal für sich selbst, sondern für andere.
Außerdem hatte er irgendwie im Gefühl, dass Hans das so gewollt hätte.
Ob die sich gekannt hatten, Pit und Hans? Egal. Schließlich musste man
auch Mitgefühl für Düsseldorfer haben. Allerdings fragte er sich allen
Ernstes, wen dieser Pit wohl mitnehmen wollte. Noch so einen Monsterrocker vom Pitbull-Schlag oder doch jemand halbwegs Kultivierten?
Das war aber eine Aufgabe nach seinem Geschmack. Besser als Buddeln
oder Beichten jedenfalls. Aber wie sollte er es anstellen? Karl Heinz hatte

ja seit über 30 Jahren beste Kontakte nach Köln. Aber wer wäre der beste Ansprechpartner? Er könnte es natürlich ganz oben versuchen: beim Festkomiteevorsitzenden himself, der eigentlich der adäquate Ansprechpartner für solch eine Persönlichkeit wie Karl Heinz gewesen wäre. Aber die meisten Kölner Funktionäre hatten eines gemein: Denen musste man erst mal Honig um den Mund schmieren, wie einzigartig Köln, der Kölner an sich und der Kölner Karneval wären und dass das von dem kleinen Karnevals-Bruder aus der Rheinprovinz Bonn niemals eingeholt werden könne. Schließlich sei ja auch der Dom nicht umsonst in Köln und nicht etwa in Bonn erbaut worden, wo er natürlich auch gelassen werden sollte. Und so weiter und so fort. Er könnte darüber selbst fast einen Songtext schreiben.

Da fiel ihm Mathes ein. Mathes war Pressesprecher und Schriftführer beim CCC, dem Club Carnevallo Colonia. Die Top-Adresse der Kölner Künstlervereinigungen. Wenn einer Kontakte nach Köln und in Köln hatte, und nicht so ein Riesen-Bohei um eine Kleinigkeit wie ein paar Karten machen würde wie so mancher Kölner Funktionär, so war das Mathes. Er wurde von allen liebevoll nur der Tronesacks Mathes genannt, denn selbst, wenn er nicht Karneval feierte und gesund lebte, hatte er stets dunkle Ringe um seine ebenfalls dunklen Augen. Bei ihm, so war sich Karl Heinz sicher, müsste er keinen Kotau hinlegen, um an Karten zu kommen. Aber eine Erklärung wäre auch beim Tronesacks Mathes nötig.

Aber irgendwie sollte er Mathes schon klar machen können, wofür ein Bonner Karnevalist, der mit all seinen Freunden und Bekannten selber im Bonner Rosenmontagszug unterwegs war, Karten für den Kölner Rosenmontagszug brauchen würde. Und wieso auf der Ehrentribüne beim WDR, zumal Karl Heinz in Bonn ja über jeden Platz selbst hätte verfügen können. Warum außerdem ein Platz am Tisch im Satory noch her musste für nächstes Jahr, an dem der werte Bürgermeister mit dem Vorsitzenden des CCC, Robbi Dumont, zu speisen pflegte, wäre sicherlich auch eine zumindest kurze Begründung wert. Dennoch, diesen Weg musste er gehen. Der Mathes war der Richtige. Mathes konnte echte Wunder vollbringen und, wenn es sein musste, auch ohne untergrabenen U-Bahnschacht den Dom zum Wackeln bringen.

Mathes musste also her und so griff er zum Telefon. „Hey Mathes, ich bin et, der..." Er kam schon gar nicht mehr mit seiner Begrüßung zum Ende, da schallte es schon aus seinem Smartphone: „Wat jit et Neues? Alles joot?"

„Du, Mathes, ich han ehn Saach für dich. Dat is der Wahnsinn, so 'ne große Nummer! Nein, das kann ich am Telefon nicht besprechen. Wir müssen uns treffen. Sofort!"

Immer, wenn es heikel wurde, verfiel Karl Heinz ins Hochdeutsche. Da schlug er doch etwas aus der Art. Irgendwo hatte er wohl mal gelernt, dass ihm das mehr Autorität verlieh, auch, wenn es ganz und gar nicht passend war. Sein Gesprächspartner war da anders. „Jo, wodröm jeht et dann?", fragte Mathes wissbegierig.

„Mathes, du kennst doch den Präsidenten des Deutschen Karnevalsbundes, Festus Schmitz?", setzte Karl Heinz bedeutungsvoll an und wollte einen Spannungsbogen aufbauen.

„Jojo, wat es dann mit däm?"

Karl Heinz erzählte irgendetwas daher – in seinen Ohren jedenfalls klang es nach etwas Staatstragendem –, machte auf wichtig und tuschelte in den Hörer, dass sie das persönlich besprechen müssten. Aber ganz dringend und nicht am Telefon. Die Masche zog er so lange durch, bis er Mathes schließlich so neugierig gemacht hatte, dass er die erwartete Frage zu hören bekam: „Wann häste Zick un wo? In zwei Stunden im Café Stumpf?"

„Natürlich nicht. Doch nicht im Café. Da kann uns doch jeder hören. Ich hab da eine Idee. Ich hab eine Freundin, die ein Atelier im Poppelsdorfer Schloss auf der ersten Etage hat. Sie ist zurzeit auf Norderney in Urlaub. Daher hab ich die Schlüssel anvertraut bekommen, um Käufer und potenzielle Kunden an diese millionenschweren Kunstobjekte heranzuführen. Da wären wir ungestört und hätten das passende Ambiente für wichtige Gespräche. Millionäre sind hier zugegebenermaßen derzeit rar. Aber geht es auch früher?"

Nach einigem Hin und Her wollten sie sich in eineinhalb Stunden treffen, was Karl Heinz zwar nicht recht war, aber so kam er immerhin zu einem wohlverdienten Päuschen.

Beichten geht durch den Magen

Heimlich betrat Stefan den Kreuzgang, ein von Säulen getragenes Gewölbe, das den Garten umschloss, dessen Mitte ein runder Brunnen bildete. An den Säulen rankten sich Pflanzen hoch, darunter waren Blumen gepflanzt, so zumindest nach Stefans Erinnerung von seinem letzten Besuch. Denn jetzt war tiefster Winter. Zwar lag hier kein Schnee, aber von Blumen war hier weder etwas zu sehen noch zu ahnen, wie Stefan mit Erschrecken feststellte. Verdammt, daran hatte keiner gedacht! Jetzt umrankten nur ein paar getrocknete Äste die Säulen, in den Beeten waren ebenfalls nur klägliche Pflanzenreste zu erkennen. Wie sollte er denn hier das Johanniskraut finden? Er überlegte kurz, ob er botanische Hilfe in Anspruch nehmen oder Prinz Hans den Zweiten nochmals anrufen sollte. Aber beides schien ihm Zeitverschwendung. Deshalb machte er sich daran, Stein für Stein umzudrehen.

***

„Noch ein Schnittchen, Herr Stadtdechant? Ganz frisch. Eben geholt am Bonner Talweg. In Ihrer Lieblingsmetzgerei. Sozusagen ein Südstadtschnittchen. Die gibt es da an der Theke, wissen Sie. Wie ich zu sagen pflege: Bleibe im Lande und nähre dich redlich."

„Willi, nichts Menschliches ist mir fremd. Weder die Neigung zur Völlerei noch zu anderen leiblichen Genüssen. Es kann ja nun aber kaum das sein, was dich zu mir geführt hat – als Notfall. Also, raus mit der Sprache. Und fang bitte nicht direkt bei deiner Kommunion an. Fürs erste sollten die aktuellen Ereignisse reichen, die dich zu mir führen."

„Naja, wenn ich ehrlich bin, et jit da jet, was mir aus aktuellem Anlass jetzt wieder zu schaffen macht. Sie dürfen ja nichts weitergeben?"

„Willi, das ist das Sakrament der Beichte. Und dafür gilt das Beichtgeheimnis. Jedenfalls das solltest du in deiner Grunderziehung mitbekommen haben. Also, los jetzt!"

„Ich hatte ein Fisternöllsche, nichts wirklich Großes. Jedenfalls für sie nicht. Für mich schon. Nur, was mir heute als gelebtes Sakrament in

Form der Beichte fehlt, hatte ich damals zu viel. Ich war verheiratet. Kurz nach der Affäre hat sie einen anderen kennen gelernt. Sehr kurz danach. Es war wohl Liebe auf den ersten Blick. Sie hat Schluss gemacht."

„Das tut mir leid. Aber für deine Frau, nicht für dich. Wie lange ist das jetzt her?"

„Lange."

„Und wieso drückt dich das Gewissen gerade jetzt, mein Sohn?"

„Weil ich fürchte, dass das nicht ohne Folgen geblieben ist und mein Sohn, lieber Vater, von einem anderen großgezogen wurde. Das bedrückt mein Gewissen. Den Verdacht hatte ich schon lange. Aber heute ist etwas vorgefallen…"

Und auf einmal war der Drang zur Beichte nicht mehr gespielt, sondern die blanke Wahrheit. Und Willi redete sich frei.

Die Bergpredigt fällt aus

Hubertus hatte Marius versprochen, die Proben so schnell wie möglich untersuchen zu lassen. Und entgegen seinen sonstigen Gepflogenheiten hatte er wohlgemeinte Ratschläge vermieden. Sogar sein Vortrag, Marius müsse die Polizei verständigen, war wenig eloquent ausgefallen. Freundschaft und Solidarität waren für Hubertus kein Fremdwort, auch wenn sein sonst so preußisches Auftreten etwas anderes suggerieren mochte. Er hatte sogar Verständnis für Marius' Lage. Und vor allem für dessen Entscheidung. Natürlich wurde das dadurch unterstützt, dass er für sein Leben gerne selbst ermittelte, war doch sein Genius als Kriminalwissenschaftler mindestens ebenso gut ausgebildet wie das als Mediziner. Und so ging es seinem Freund Marius gleich besser. Beim Erzählen war ihm so manches wieder eingefallen. Und noch etwas: Er hatte von O-Saft gestärkt und mithilfe seines erfahrenen Kollegen ein wenig mehr Verstand walten lassen können. Was jeder Fernseh-Detektiv als erstes gemacht hätte, wäre, nach einem Motiv Ausschau zu halten. Und da es hier um Tantiemen ging, war ja einer nahezu dominant tatverdächtig. Tatverdächtiger als Josi und Kai, ein Gedanke, der Marius zusätzlich Mut machte und hoffen ließ, für alle das Richtige zu tun. Denn je mehr er darüber nachdachte, desto mehr kam ihm Jupp in den Sinn. Der Jupp, den sie alle über Jahre betrogen hatten. Und noch etwas war ihm aufgefallen. Karl Heinz hatte doch gesagt, dass er Hans noch mit ihm zusammen gesehen hatte. Was, wenn er der Täter war? Auch er hätte ihn an die Heizung hängen und vorher vergiften können. Warum Kai und Josi ihn dann nach oben getragen hatten, statt die Polizei zu rufen, war natürlich noch zu klären. Konnte auch mit Pietät zu tun haben. Vielleicht wollte Josi ihren Ehemann nicht an der Heizung hängend den Blicken seiner Freunde auszusetzen. Also war der nächste Schritt klar: Auf zu Jupp an den Friedensplatz.

***

Unterdessen pfiff Stefan bereits das dritte Mal den Bönnschen Jung, was sie als Erkennungsmerkmal ausgemacht hatten für den Fall, dass Stefan fündig geworden war. Er konnte nur hoffen, dass Willi in diesem Leben noch mal aus dem Beichtstuhl heraustreten würde. Die Tüte mit den Vorräten, die Willi vor dem Beichtstuhl deponiert hatte, war jedenfalls fast leer. Lange konnte es also nicht mehr dauern. Wie gut, dass er für ihn die Folgetermine geblockt hatte. Andere Namenlose standen schon in der Schlange an. Na klar, Karnevalsfreitag. Hauptsaison für Beichtväter. Als Stefan schon kurz davor war, die Nerven zu verlieren und die Antrittspfeife auszupacken, mit denen er das Corps von der Theke zum Aufbruch rief, wenn der Bus für den nächsten Auftritt wartete, kam Willi heraus. Ziemlich desolat, wie er fand. Der Stadtdechant murmelte noch etwas von tausend Rosenkränzen und ähnlichem, dem er aber keine Bedeutung beimaß. Mit einem ungewöhnlichen „Vergelte es Gott" verabschiedeten sich Willi und der Dechant. Selbst seine eigene Kommunion war Stefan nicht so lang erschienen wie das Buddeln und Warten von eben. Aber es hatte sich gelohnt: Nach gefühlten tausend Steinen hatte er das Schriftstück gefunden.

Willi sah fertiger aus, als er ihn je gesehen hatte. Stefan warf ein kurzes

„Danke" in Richtung des Dechanten, als er mit Willi im Schlepptau hinausrannte.

„Stefan, wegen der Kamelle reden wir noch, okay?", rief der Kirchenfürst ihm noch hinterher.

„Klar, bin jederzeit zu erreichen. Geht schon klar."

„Und du, Willi," sprach der Stadtdechant, „du kniest vier Wochen bei jedem Hochamt vorne links. Bis deine Sünden abgearbeitet sind. Das wird dauern. Aber rück dann ein bisschen für die Stammgäste."

Als sie endlich die Kirche verlassen hatten, wendete Stefan sich, ohne auf die Beichte einzugehen, voller Ungeduld an Willi: „Willi, ich hab's. Hat was gedauert. Aber offensichtlich habt ihr euch ja blendend unterhalten. Ich muss nach Würzburg. Sofort. Da muss das nächste Testament liegen. Das ergibt sich aus dem Reim auf dem Zettel, den ich gefunden habe!"

Mit vor Aufregung zitternden Händen begann er vorzulesen:

> *„Hier im Münster ihr gefunden*
> *dieses wichtige Dokument,*
> *doch nun braucht ihr Stunden,*
> *auch wenn's unter den Nägeln brennt.*
> *Neue Aufgaben stehen an.*
> *Es geht etwas Richtung Süden.*
> *Friedel Hundgang ist euer Mann,*
> *vom Notar sollt ihr es gar kriegen.*
> *Versucht es nicht am Telefon.*
> *Ihr müsst Friedel überlisten,*
> *er verrät sonst keinen Ton,*
> *über die Listen, die vermissten."*

„Er meint seinen Freund und Notar Friedel", fuhr Stefan fort. „Anders kann es nicht gemeint sein. Ein Testament ersetzt das nächste. Das aktuellste gilt, weil es das vorhergehende außer Kraft setzt. ‚Hiermit hebe ich alle vormals getroffenen Verfügungen von Todeswegen auf.' So heißt das doch immer am Anfang eines Testamentes. Verstehst du?"

Das war mehr eine rhetorische Frage. Tatsächlich hatte Stefan nicht den Eindruck, als würde Willi auch nur Bahnhof verstehen. Die Beichte hatte ihn doch eher aufgewühlt als erleichtert. Trotz der Rosenkränze.

„Willi, in der ersten Nachricht hieß es: Alles ist vom Winde verweht. Im zweiten erben wir schon ein Stück und im dritten fast alles, im vierten alles. Verstanden? Das Testament mit Hinweisen auf das dritte muss bei Friedel sein. Oder das Testament selbst. Ich fahre nach Würzburg. Werde den Friedel schon weich kochen. Weiß noch nicht wie, aber irgendwie. Du gehst zu Karl Heinz und bringst ihm das. Sobald ich etwas aus Würzburg habe, melde ich mich."

Damit drückte er Willi den Zettel in die Hand und eilte an den vor dem Bonner Münster liegenden steinernen Stadtpatronen Cassius und Florentius vorbei, um zum Bahnhof zu kommen. „Auf nach Würzburg!", schrie er übermütig und ließ den völlig fertigen Willi allein zurück.

Höchste Eisenbahn

Und so lief Stefan ohne Tritt, aber in schnellem Marsch aus dem Bonner Münster in Richtung Hauptbahnhof, vorbei an seinem seit seinen Kindheitstagen am meisten geliebten Schaufenster des Spielzeugladens *Puppenkönig* und dachte versonnen an seine Kinderzeit zurück. Irgendwie war die im Schaufenster zu Weihnachten dort immer ausgestellte Eisenbahn mit den Jahren immer kleiner geworden. Wie so manch anderes verlor auch sie im Alter an Größe. Aber den Gedanken vertrieb er schnell. Schließlich hatte der Laden schon an Dreikönig umdekoriert und den Weihnachtsschmuck gegen Karnevalsorden ausgetauscht. Mit zügigem Schritt ging er durch die Gangolfstraße in Richtung Hauptbahnhof. Dem *Gangolf*, wie das alte Kino hier an der Ecke zum Hauptbahnhof einmal geheißen hatte, war ein noch schlimmeres Schicksal widerfahren als der Eisenbahn: Es war ganz verschwunden. Weg der große Kinosaal, in dem er so manche Filmnacht mit den *Blues Brothers* und dem *Leben des Brian* knutschend verbracht hatte. Während er eingedenk dieser Erinnerung automatisch im Kopf das

Lied „Wenn et Leech usjing em Roxy" zu singen begann, entdeckte er vor dem Bahnhof eine riesige Schlange von Taxen, die bis zum ehemaligen alten KBE-Bahnhof reichte. Diesen Namen hatte er bekommen, weil damals der Kohl mit der Köln-Bonner-Eisenbahn, im Volksmund auch Kappes- oder Knolle Bure-Express genannt, aus dem Vorgebirge hier angeliefert worden war. Er blickte auf die Fahrzeugkarawane in Cremefarben. Und traute seinen Augen nicht. Denn er erkannte in der Kaffee trinkenden Ansammlung der meist südländischen Chauffeure einen Exoten. Selbst bei diesen Temperaturen schick in ein Feinrippunterhemd gekleidet, stach er heraus aus dem Lederjacken-Schnauzbärte-Ensemble. Frank! Das konnte doch nicht wahr sein! Der Heavymetal-Taximann stand dort und wartete auf seine nächste Fahrt nach Nirgendwo. Stefan versuchte, Frank zu ignorieren, lief zielstrebig an ihm vorbei und konnte nur hoffen, dass er ihn nicht gesehen hatte. Der würde ihm jetzt gerade noch fehlen. Die letzte Nacht hing ihm noch in den Knochen. Er wollte nur noch ein Ticket ziehen und dann los nach Würzburg. Es wurde höchste Eisenbahn! Leider war der Deutschen Bahn diese Redewendung offenbar weniger präsent als ihm: Die höchste Eisenbahn gen Würzburg fuhr nämlich nicht über Bonn. Die Bahn bevorzugte ganz offensichtlich die rechtsrheinische Schiene, um ihre Gäste – oder Opfer, je nach Auslegung – nach Würzburg zu bugsieren. Von Bonn aus ging der Zug erst in drei Stunden, von Siegburg früher und auch mit Umsteigen letztlich schneller. Und schon beim Fahrkartenautomaten oder am Service Point würde er deutlich länger anstehen müssen als am Taxistand. „Thank you for travelling with Deutsche Bahn." Also schluckte er die bittere Pille, kehrte um und entschloss sich, für die Fahrt nach Siegburg trotz Jobticket doch einen von Franks Kollegen in Anspruch zu nehmen. In der Ruhe liegt die Kraft, beruhigte er sich und versuchte, seinen Ehrgeiz zu zügeln, als er auf den Taxistand zutrat.

Späte Sucht

Willi kam, fertig mit sich und der Welt, bei Josi an. Was war, wenn Kai tatsächlich sein Sohn war, wenn Josi und er Hans getötet hatten, wie es der Doc vermutete? Ihm war das Rätsel über die Tantiemen nun auch egal. Er sorgte sich nur noch um seine Familie, wenn sie es denn sein sollte. Seine Ehe war an Josi gescheitert. Er hatte seiner Frau einfach nicht die Liebe schenken können wie Josi. Und sie hatte das bemerkt. Frei von Vorwürfen waren sie auseinandergegangen. Aber eins war klar: Wäre Hans nicht gekommen, hätte Josi nur ihn geliebt. Da war er sich sicher. „Josi, was uns verbindet, ist mehr als Liebe", hatte er ihr einmal gesagt. Aber sie hatte nur müde abgewinkt. Sicher nur, weil sie gar nicht zu schätzen wusste, welch ein Glück ein verlässlicher Mann an ihrer Seite für sie sein konnte. Zig Freunde hatten ihm damals erklärt, dass man ein Gefühl eben nicht begründen könnte. Warum es für den einen da war und für den anderen eben nicht. Für den einen da, der nicht gut tat, für den anderen nicht, der alles dafür getan hätte. Er hatte es nie begriffen. Und jetzt witterte er wieder eine Chance. Eigentlich war ihm egal, ob Josi oder Kai Hans umgebracht hatten. Hauptsache, der Widersacher, der seinem Glück mit Josi im Weg gestanden hatte, war weg. Und Hauptsache, er konnte Josi und Kai schützen und sich nun endlich erkennbar um sie verdient machen. Wenn er sie vor der mutmaßlichen Entdeckung durch den Doc bewahren konnte, so würde er das tun. Koste es, was es wolle. Und als er zurück in Josis Wohnung kam und diese immer noch schlafend vorfand, traf er eine Entscheidung.

Lange Wege

Ob es nun Glück, Pech, Zufall oder Plan war: Frank stand prompt an erster Stelle in der Reihe der Taxen. Als hätte Stefan mit dem nicht schon genug Zeit verbracht! Und als Frank ihm provokant lächelnd die Tür aufhielt, stieg Stefan ein. Er konnte sich ja in seiner Situation vieles vorstellen, aber beim besten Willen nicht auch noch einen Zoff mit den anderen Fahrern darüber, ob man zwangsläufig in den ersten Wagen einsteigen müsste oder nicht. Nicht heute. Also Augen zu und durch, galt die Devise. Die Flucht nach vorne antreten, das Rezept. Und das im wahrsten Sinne des Wortes.

„Hallo, Frank. Du schon wieder? Beim nächsten Mal gibst du einen aus." Mit dieser alten Floskel stieg er in das Taxi ein. „Einmal Würzburg bitte! Ach, quatsch Siegburg."

„Watt denn nu, Stefan? Noch net wach? Wor wohl watt vill für dich, de Naach?" grinste Frank ihn höhnisch an.

„Nein, Frank, ich muss nach Würzburg, aber mit der Bahn und daher von Siegburg aus. Also bitte, drück auf die Tube!"

„Dich fahre ich überall hin", bekam er mit einem merkwürdigen Unterton zur Antwort. „Selbst zu den Franken. Ich hab hier gleich Schluss. Mit 'nem ordentlichen Auto hab ich dich schneller da als die Bahn. Und du weißt ja sicher, dass das Reisen mit der Bahn ungeahnte Risiken birgt. Jedenfalls, wenn man es eilig hat und ... umsteigen muss."

Tatsächlich erinnerte sich Stefan an seinen letzten Horrortrip mit der Bahn. Erst hatte sich irgendeine arme Seele vor den Zug geworfen, wohl, weil er wegen der drohenden Verspätung seines Zuges seinen Arbeitsplatz verlieren würde. Und nach diesem beiläufig wahrgenommenen, aber sicherlich tragischen Ereignis hatte Stefan dann den Anschlusszug verpasst, um letztlich mit Stunden Verspätung hungernd in Bonn anzukommen, weil man zu allem Überfluss noch vergessen hatte, den Imbisswagen anzuhängen. Nur dieser traumatischen Erfahrung war es geschuldet, dass er versucht war, seine übermäßige Sparsamkeit zunächst außer Acht zu lassen. Aber auch nicht ganz. Das wäre dann doch zu viel erwartet gewesen.

„Okay, was willst du für die Fahrt, Frank?"

„Mit dem Taxi geht das nicht. Kann ich dir gleich sagen. Das gebe ich gleich an die nächste Schicht ab. Aber du hast doch sicher ein solides Gefährt. Mit ordentlich Kawumm. Wenn mir das Auto Spaß macht, fahr ich dich. Hinfahren würde ich dich fast so. Nur gegen Kost und Logis, natürlich. Unter Freunden mach ich das glatt."

„Ja, unter Freunden…", murmelte Stefan, um sich Bedenkzeit zu verschaffen. Gleich würde ihm übel. Wenn der sich jetzt schon Freund schimpfte, was hatte er dann erst von seinen Feinden zu befürchten? Er schob den Gedanken weg. Flucht nach vorne, hieß die Devise. Nur welches Auto hätte er zur Verfügung? Er hatte wegen des günstigen Tarifs für sein Auto einen Versicherungsvertrag mit Jahreskilometerbegrenzung abgeschlossen. Und diese Fahrt nach Würzburg war für den Rest des Jahres nicht eingeplant. Außerdem: Was das kostete an Verschleiß! Sein Fahrzeug ruhte immer über die Karnevalstage in der Inspektion. Da hatte er es sicher untergestellt, natürlich kostenfrei, außerdem konnte er so nicht selbst in Versuchung geraten. Auch konnte er Gefälligkeitsfahrten aller Art wie zum Kamelle beschaffen, Sättel für die Pferde zum Aufstellplatz bringen oder ähnliches bequem mit dem Hinweis auf die Jahresinspektion aus dem Weg gehen.

„Mein Auto ist in der Inspektion. Aber der Karl Heinz hat doch so eine schnelle Schleuder. So was Modisches. Aus den Staaten, glaube ich. Der leiht uns den sicher."

„Klar, ein modisches Gefährt", wiederholte Frank süffisant. „Hey, das ist ein Hummer C4 mit 5,6 Liter Motor mit Diamant Grill, Chiptuning und 750 PS etc. Den nähm ich sofort. Mach du den Hummer klar und ich fahr. Logisch, geht dann aufs Haus. Sprit übernehme ich auch. Den wollte ich schon immer mal fahren. Und den Kai, den nehmen wir mit. Der wollte auch schon immer."

Das glaube ich dir aufs Wort, dachte Stefan. Aber ein „Hummer mit Diamant-Grill"?, fragte er sich. Kann man die Autos von heute schon zum Grillen brauchen? Oh wei, mir bleibt auch nichts erspart. Noch so 'ne Tour mit den beiden Irren, gestern nach Düsseldorf, heute nach Würzburg und das alles bei schallendem Heavy Metal-Lärm. Na dann: Gute Nacht Freunde… Ihm wurde noch übler. Aber er regelte auch dieses Problem gewohnt pflichtschuldig mit Karl Heinz und begab sich erneut auf die Reise. Prost Mahlzeit!

Zwei Welten treffen aufeinander

Marius war auf dem Rückweg eins klar geworden: Er musste sich mit Brezel-Jupp treffen, auch wenn ihn das viel Überwindung kosten würde. Es war noch nicht einmal so, dass Jupp ihm unsympathisch gewesen wäre. Er fühlte sich nur seinerseits nicht wirklich gemocht. Er hatte immer das Gefühl, dass er eher schlicht strukturierten Gemütern wie Jupp suspekt war. Zwar hatte er sich nie etwas auf seinen gehobenen Bildungsgrad eingebildet, auch nicht auf sein doch recht ansehnliches Vermögen. Aber er war trotzdem anders. Denn obwohl er das gleiche Kölsch trank, die gleichen Lieder sang und die gleiche Uniform trug wie die anderen, fehlte ihm immer noch dieser Stallgeruch, der ihn als einen von ihnen auszeichnete. So war es immer gewesen. Auch mit Jupp. Und so fürchtete er insgeheim, dass er so ziemlich der letzte wäre, mit dem Jupp sprechen würde. Aber er musste es wenigstens versuchen, um seine nächsten Spielzüge bei dieser komischen Partie auszuloten, nicht zuletzt, um sich und seinen „Freunden" Sicherheit zu verschaffen. Egal, was das Ergebnis auch sein mochte, fast alles war besser, als den Täter in Kai oder Josi zu finden. Auch, wenn es Jupp wäre. Das musste er dann eben akzeptieren. Es sollte jedenfalls keinen Mord ohne Täter geben.

Wenn er jetzt darüber nachdachte, wo er Jupp finden könnte und wo er wohnte, fiel ihm auf, wie wenig er trotz all der Jahre, die sie sich kannten, tatsächlich von ihm wusste. Es war ja bei Jupp streng genommen auch nicht viel anders als bei anderen seiner „Freunde". Wenn er mit ihnen zusammen war, schienen sie beste Freunde zu sein. Aber wenn man die Oberfläche dieser Beziehungen abkratzte, stellte man fest, dass darunter nicht allzu viel zu finden war. Von wem wusste er schon, ob er noch Geschwister hatte, wo er aufgewachsen war, wenn er nicht gerade durch schwäbische Mundart aus dem Rahmen fiel, oder ob die Eltern noch lebten? Und dank der modernen Kommunikationsstruktur via Internet und Facebook musste man sich ja nicht mal mehr einen Geburtstag merken.

„Hör auf mit den blöden Gedanken", schimpfte er, „und reiß dich zusammen, du Gutmensch! Wo kann Jupp sein?" Früher hatte es mal geheißen, Jupp wohne am Friedensplatz. Aber das war ewig her. Und Menschen wie Jupp neigten seiner Erfahrung nach eher zu zwangsläufigen, wenn nicht zwangsvollstreckungsrechtlich erzwungenen Wohnungswechseln mit gelegentlichen Abrutschern in die Obdachlosenszene. Je mehr er aber darüber nachdachte, desto mehr stieg eine Erinnerung in ihm auf. Ihm fiel ein, dass er bei einem seiner letzten Kinobesuche Jupps Brezelfahrrad mit der großen Korbhalterung vor dem Lenker auf dem Bertha-von-Suttner-Platz vor einem Altbau gesehen hatte. Neben dem ehemaligen Schmuddel,- Horror- und Porno-Kino, dem früheren *Universum*, oder *Uniperversum*, wie viele es genannt hatten, dem heutigen Woki-Lichtspielhaus. Es war eigentlich kaum zu glauben, dass die ganze Stadt meinte, Brezel-Jupp zu kennen, aber dass kaum einer wusste, wie und wo der lebte. Er musste es eben ausprobieren. Wenn er dessen Domizil dort nicht fand, so könnte ihm vielleicht jemand Auskunft erteilen. Zunächst müsste er nach Hause. War bei seinem Outfit eigentlich ein Wunder, dass man ihn nicht direkt aus dem *Steigenberger* geschmissen hatte. Aber da wusste man wohl, dass auch vergleichsweise kultivierte und anständige Gäste mitunter ein eher exzentrisches Äußeres an den Tag legen konnten. Bei Jupp und dessen Freunden konnte er nicht ganz so auf deren Toleranz hoffen. Also fuhr er zunächst nach Hause und kleidete sich so unauffällig und sparsam wie möglich, um vor Jupp nicht als Juppie aufzutreten. Dazu zog er sich sein ältestes Poloshirt und eine einfache Jeans an und machte sich nach einem kurzen Blick in den Spiegel auf den Weg. Auch das nicht ohne Bedacht: Das richtige Gefährt musste her, um in sichtbarer Bescheidenheit aufzutreten. Witzigerweise hatte er, ohne es zu wissen, zurzeit ein ganz ähnliches Problem wie Stefan. Nur umgekehrt. Er nahm nicht den Porsche aus der geräumigen Doppelgarage, sondern begnügte sich mit dem roten Freidach-Mini, dem „Erdbeerkörbchen" seiner Frau, das er ihr eigens zum Einkaufen geschenkt hatte. Er fand sich bestens ausgestattet für die Aktion „Undercover Doc". So gewappnet – also in bestem Räuberzivil und bestens underdressed – zog er los. Nicht daran denkend, dass selbst sein billigstes Hosenbein das Monatseinkommen eines normal tüchtigen Brezelverkäufers um ein Vielfaches übersteigen dürfte.

Poppelsdorfer Schloss

Eigentlich sollte Karl Heinz im Atelier seiner Bekannten nur die Blumen gießen. Aber das klang nicht gut. Und schon gar nicht wichtig. Aber das Ambiente würde stimmen. Da war er sich sicher. Er hatte Mathes noch mitgeteilt, dass sie sich im Innenhof treffen würden. Das sollte reichen. Kurz dachte er an seinen Restalkoholgehalt und schloss ein Auto als Fortbewegungsmittel aus. Sicher könnte er noch. Aber wenn das auflöge: „Kommandant angetrunken am Steuer – das Vorbild unserer Jugend?" Das käme gar nicht gut an. Also beschloss er, ein Fahrrad zu nehmen. Kam ja irgendwie auch ganz sportlich und volksnah rüber, wenn ihn einer sehen würde. Er wollte sich daher ein Fahrrad aus Hans' Garage nehmen. Doch da war keines. Kurz entschlossen nahm er sich das unabgeschlossene Fahrrad des Nachbarn und fing an, quer durch alle Gassen zu radeln. Zuerst musste er aber kurz zu seinem Haus am Kreuzberg. Da biss die Maus keinen Faden ab, weil er roch wie ein Iltis. In diesem desolaten Zustand konnte er nicht mal zum Mathes. Und so stieg er in die Pedalen. Aus dem Musikviertel, in dem Hans und Josi eine Jugendstilvilla bewohnten, am Beethovenplatz vorbei den Berg hoch. Diesen üblen Berg oberhalb der Alfred-Bucherer Straße entlang und dann durch die Röckumstraße vorbei an seiner ehemaligen Wirkungsstätte, der Bäckerei Ziegler. Und so kam er mal wieder dazu, zu entdecken – und das zu seinem größten Wohlgefallen – wie schön doch sein Bonn war. Wenn man mit Tempo 200 über die Autobahnen rauschte, ging das glatt an einem vorbei. Nicht nur die

Blicke auf die imposanteren Bauwerke wie das Bonner Münster waren schön, sondern auch das Radeln durch die Vororte bot eine Augenweide und bereitete ihm unendliches Vergnügen. Und bescherte schöne Erinnerungen. Endenich. Da hatte seine erste Freundin gelebt, kurz hinter einer Heiligen-Statue, in der Kapellenstraße. Oh, das waren noch Zeiten! All das, nicht nur Veranstaltungen wie die *Klangwellen* waren an Bonn imposant. Solange man sie jedenfalls noch imposant sein ließ. Zum Glück ist das Gefühl von Heimat nichts, was man uns nehmen kann, weil es dafür weder einer Baugenehmigung noch dem Wohlwollen der Nachbarn bedarf, dachte er sich. Wenn man an jeder Straßenecke Bonns schon etwas erlebt hatte, so war eine kleine Reise durch die Stadt so etwas wie ein Blick in die Vergangenheit. Und an dieser Stelle ging ihm auf, dass Brauchtumspflege kein hohler Begriff war. In seiner ihm angeborenen Bescheidenheit gestand er sich ein, dass er seinen Job als Kommandant deutlich professioneller anging als die Stadtverwaltung, die sich in der Vergangenheit das ein oder andere Mal etwas ungeschickt verkauft hatte. „Ja, ich liebe diesen Job als oberster Brauchtumspfleger", schmunzelte er, jedenfalls soweit seine Puste das zuließ. Immer wieder pries er die Bedeutung des Brauchtums. Er hatte diese nur, wie er sich eingestehen musste, zum Selbstzweck erhoben. Und das wurde der Sache nicht gerecht.

Wodurch zeichnete sich seine rheinische Identität aus? Sie ließ sich nicht darauf begrenzen, dass er auch im Ausland automatisch ein „Kölsch" bestellte. Nicht darauf, den Kirchenkalender in feststehender Regelmäßigkeit abzufeiern oder abzubüßen. Nicht darauf, Beethovens Geburtstag zu kennen, als Bonns berühmtesten Sohn. Schon gar nicht, dessen Geburtshaus zu besichtigen, wenn er Besuch aus dem Ausland bekam. Heimat war mehr: Das Verliebtsein können in jede Straßenecke. Eigentlich, so ging es ihm durch den Kopf, war das Brauchtum nur eine Krücke, die einem half, genau das nicht aus den Augen zu verlieren. Und wenn er ehrlich zu sich war, hatte er vor lauter Betriebsamkeit genau das längst vergessen. Natürlich las er gerne von sich in der Zeitung. Natürlich bewunderte er stets pflichtgemäß das Bonner Prinzenpaar und natürlich sein Corps, wenn es in die Beethoven-Halle einzog. Aber fast ebenso natürlich traten dabei die kleinen, aber bedeutsameren Ereignisse, die er miterlebt hatte, dagegen in den Hintergrund. Es stand kaum in der Presse, wenn ein Prinzenpaar Teddybären an kranke Kinder vergab. Wenn alten Leuten im Hospiz ein seltenes Lächeln über die Lippen kam, nur, weil sie ernst genommen wurden. Von eigentlich wildfremden Menschen, die aber zumindest wichtig aussahen und sie respektierten. Und sich die Zeit für die nahmen, die einsam und allein waren und im Hospiz auf ihr Ende warteten.

Es war ihm – damals noch als Adjutant des Prinzen – seinerzeit freigestellt worden, ob er an diesen Besuchen teilhaben oder sie auslassen wollte. Er hatte sich stets dafür entschieden. Warum kam ihm das alles jetzt in den Sinn, da er diesen miesen Berg erklimmen wollte? Wohl, weil er sich nach Langem wieder fragen musste, ob die Opfer, die er brachte, der Sache gerecht wurden. Tritt für Tritt fragte er sich, ob es das wirklich wert war. Und als er oben angekommen war, wusste er, dass die Jagd um die Tantiemen nicht alles bedeuten konnte. Er würde zwar seine Pflicht tun, aber danach wollte er keine Berge mehr erklimmen, sondern sich vielmehr den kleine Freuden hingeben und sich auf das Wesentliche konzentrieren. Die kleinen Freuden, das Kindercorps zum Beispiel. Und da waren sie wieder, seine zwei Probleme: Wie Gutes tun, ohne Schlechtes zu lassen? Solche Gedanken. Das wurde zu viel. Er würde die Auflösung des Konfliktes aufschieben müssen. Nach der Session. Erstmal hieß es: Durchatmen. Er war oben. Und bald zumindest an seinem Zwischenziel, bevor er den Weg zurück zum Schloss suchen würde.

Bäckermeister Yüksel

Marius fuhr aus dem verträumten Graurheindorf kommend die Römerstraße herunter und versuchte vergeblich, vor dem *Kuhle Dom* auf dem Stiftsplatz einen Parkplatz zu finden. Okay, dachte er sich, in der Stiftsgarage ist bestimmt auch noch ein Plätzchen frei, womit er Recht hatte. Als er aus der Garage auf die Straße trat, erstaunte ihn erneut der normale Tagesablauf um ihn herum. Wenn er ehrlich war, musste er zugeben, dass der Karnevalsfreitag außer zu einem Katerfrühstück wirklich zu nichts taugte. Da tat sich hier am Stiftsplatz wirklich nichts. Wenn er dagegen an Rosenmontag dachte … Bis auf den Unfall im letzten Jahr, als gerade hier an Karneval etwas zu viel los gewesen und ein Auto aus eben jener Garage vom sechsten Stock auf die Straße gefahren bzw. gefallen war.

Mit einem unguten Gefühl im Bauch, aber der Gewissheit im Kopf, das Richtige zu tun, ging er um die Ecke in die Hofeinfahrt des jetzigen *Woki*. Zu seinem Glück wurde er sofort fündig und freute sich an diesem Tag das erste Mal darüber, dass für den einen der Alltag weiterging, nachdem andere ihren Alt-Tag bereits hinter sich hatten. Denn am Fahrbahnrand erblickte er ein Fahrzeug der Bäckerei Lübüg. Dessen Fahrer lud einen großen Karton nach dem anderen aus und verschwand im Hausflur hinter der Eingangstür in Richtung der kleinen Passage. Aber immerhin kam er wieder. Da Marius nichts Besseres einfiel, sprach er den emsig arbeitenden Südländer plump an: „Entschuldigung, darf ich kurz stören? Für wen liefern Sie hier an?"

Der Bäckerbursche musterte ihn unverhohlen von oben bis unten und sagte überraschend unfreundlich: „Ej, du krass Schönjeföhnte. Ich bin am arbeede, siehs de dat nit? Isch hann ze donn. Et jit Lück, die arbeede für ihr Jeld", und setzte unbeirrt seinen Abladevorgang fort. „Du siehs nit esu uss, als wööds du dazo jehöre."

Doch Marius gab sich kämpferisch: „Schon gut, nur die Ruhe, Herr Bäckermeister. Ich bin ein Freund von Jupp und muss ihn sprechen, ist er zu Hause?"

„Du? Ene Fründ vom Jupp?", fragte der Südländer erneut in feinstem Platt. „Fründe vom Jupp senn net so anjetrocke."

Erneut wendete der Mann sich ungerührt seiner Arbeit zu. Marius guckte irritiert an sich herab. Seine tolle Tarnung war offensichtlich aufgeflogen. Er hatte bei der Auswahl der Garderobe nicht daran gedacht, das Krokodil zu entfernen. Also musste es ohne die Hilfe des Gesellen gehen. Dessen Sympathien für ihn schienen – derzeit wenigstens – sehr begrenzt. Daher wartete er einen Moment, bis der sympathische Lieferant einen weiteren Karton aus dem Lieferwagen holte und huschte durch die offenstehende Haustür in das Treppenhaus. Gleich die erste Tür dahinter stand ebenfalls offen. Aus dieser roch es so verdächtig nach frischen Backwaren, dass der Lieferant nur dieses Ziel gehabt haben konnte. Marius huschte flink hinein in den Flur. Hektisch sah er sich nach einem Versteck um, um unsichtbar zu werden, bevor der unfreundliche Geselle wiederkehrte. Und so öffnete er die erste der sich bietenden Türen, hinter der sich ein kleines Badezimmer verbarg. Gerade noch rechtzeitig, wie sich herausstellte. Denn hinter sich hörte er bereits herannahende Schritte im Treppenhaus. Mit rasendem Puls stand er mucksmäuschenstill da, versuchte, sich zu beruhigen und an etwas anderes zu denken als an seine Angst vor der Entdeckung. Langsam ein- und ausatmen. Aus dem Bauch und in den Bauch. Denken Sie an die Beckenboden-Muskulaturübung, kam es ihm in Erinnerung. Upps, da war er wohl gedanklich nicht beim Yoga, sondern bei den Schwangerschaftsvorbereitungskursen mit seiner Frau gelandet. Egal, das Prinzip war das gleiche. Ruhig bleiben.

Da fiel ihm etwas ein. Etwas, was er noch mit einem Blick aufgefangen hatte, kurz bevor er hinter der Tür verschwunden war. Da hatten am Ende des Flures vier Kartons gestanden mit der Aufschrift „Yüksel bringt, was Lübüg bäckt, Lübüg bäckt, weil's lecker schmeckt." Dealte Jupp etwa mit vom LKW gefallenen Backwaren der Firma Lübüg? Was war denn hier los? Das Besinnen auf Erlebtes und Gesehenes machte ihn im Moment jedenfalls nicht ruhiger. Er sollte andere Sorgen haben, hörte er doch wieder die Schritte näherkommen. Er konnte nur hoffen, dass er hier sicher war und Yüksel nicht noch ins Bad musste, bevor er den nächsten mit seinem Lübüg-Gebäck glücklich machte. Er hatte den Gedanken gerade zu Ende gedacht, als ihm klar wurde, dass Yüksel hier nicht mehr hin müssen würde. Denn bereits beim zweiten bewussten Atemzug seit dem leichtsinnigen Schließen der Tür wurde Marius klar: Der wird heute kein Bedürfnis mehr haben. Er hatte es bereits gehabt! Scheißyoga! Und es war auch weniger der Geruch in der Nase als das Brennen in den Augen, so dass Marius automatisch auf Schnappatmung mit Nase-Zu-Technik umstellen musste. Was würde er jetzt dafür geben, Kiemen zu haben? Er inhalierte ohne das Geruchsempfinden der Nase, in der Hoffnung, die schlechte Luft wegatmen zu können. So wartete er dann still, wie es sich für das stille Örtchen geziemte, auf dem geschlossenen Klodeckel und betete, dass Yüksel seine Lieferung bald abgeschlossen hätte. Und nach gefühlten tausend und später gezählten zwei weiteren Kartons war es dann soweit, dass Marius sich von dem stechenden Geruch befreien konnte. Er würde demnächst mal seine Lungenkapazität überprüfen müssen, schwor er sich.

Der Metzger ihres Vertrauens

Willi fiel als erstes Folgendes ein: Wenn Hans weg wäre, nicht nur als Rivale, sondern auch als Leiche, würde das Leben für seine Lieben um einiges einfacher werden. Ohne Leiche kein Mord, kein Beweis und kein Verdacht. Er hatte keine Ahnung, was Marius unternehmen würde. Wusste nicht, was Stefans Reise noch alles zu Tage bringen würde. Er musste vorsorgen und damit als erstes unauffällig Hans beiseite schaffen. Nur wohin? Als erstes kam ihm erneut der Gedanke an einen Kühlraum. Seine Lieblingssüdstadtmetzgerei hatte einen, der würde aber sicher nicht unauffällig zu haben sein. Auch in der Nordstadt kannte er einen mit Buffet Service, der über weitläufige Kühlmöglichkeiten verfügte, die sicher über Karneval nicht genutzt würden. Aber das gäbe nur einen kurzen Aufschub. Er wusste schließlich ja noch nicht, wann ihm eine zündende Idee zur endgültigen Verwahrung oder Entsorgung von Hans kommen würde. Und als er über die „zündende Idee" nachdachte, fiel ihm die alte und mittlerweile kaum noch genutzte Räucherkammer im Hause seiner Cousine in Beuel ein. Der Gedanke war zwar makaber, war doch auch hier bis vor einigen Jahren eine Metzgerei ansässig gewesen. Diesen Betrieb gab es heute leider nicht mehr, obwohl er hier immer die beste Fleischwurst bekommen hatte. Die Metzgerei war jetzt ein liebevoll eingerichtetes Geschäft für Dekorationsartikel, die naturgemäß nicht geräuchert wurden. Zudem hatte seine Cousine den Laden gerade wegen Bauarbeiten auf der anderen Straßenseite für ein innovatives neues Geschäftshauskonzept geschlossen, so dass da derzeit nichts los war. Und, wie ihm jetzt einfiel, war er ohnehin der einzige, der die Räucherkammer ab und an nutzte, wenn er aus der Eifel frisches Wild bekommen hatte. Das war das ideale Versteck!

Prinzenblut im Kupferstich

Nachdem Marius sein selbst gewähltes Gefängnis zu erschwerten Haftbedingungen verlassen hatte, betrat er als nächstes das Wohnzimmer, wenn man es denn so nennen wollte. Die Bude war voll von leeren Bierdosen und Schlafsäcken. Ein Vermögen an Leergut sammelte sich hier. Ob Brezel-Jupp in dieser Form seine Altersvorsorge betrieb? Er hatte einmal die Wohnung eines Alkoholikers entrümpeln müssen, der glücklicherweise auf Bierflaschen aus Plastik gestanden hatte. Daher wusste er schon, was bei der Umsetzung von Flaschenpfand in Bargeld rauskommen konnte. Er schaute sich weiter um. Hier war aus seiner Sicht alles ein einziges Chaos. Als würde eine Horde von Menschen ohne festen Wohnsitz regelmäßig auf Jupps Fußboden nächtigen. Landstreicher hatte man sie früher genannt, was er irgendwie als romantischer empfand als „Obdachlose". Oder als Berber, wie die Höhner sie – ausgerechnet in ihrer Titelmelodie zu einem „Tatort" – mal bezeichnet hatten. Wie passend. Obwohl er eigentlich nicht wollte, musste er gedanklich wieder auf eine Reise in die Vergangenheit gehen und an den Jupp von früher denken. Als er das letzte Mal mit ihm zu tun gehabt hatte, lebte er noch in der Baustelle vom Schürmann-Bau. Hans' Gnadenbrot für seinen ehemaligen Freund und Mitstreiter Jupp. Im Vergleich zu dem Loch auf der Baustelle war das hier immerhin eine deutliche Verbesserung. Er blickte sich weiter um. Als nächstes fielen ihm Unmengen von Nippes-Figuren künstlerischer Art auf. Und Kupferstiche. Mit Motiven von Bonn und vom Bonner Karneval. Er entdeckte zu seiner sehr bescheidenen Freude selbst einen Kupferstich von Hans dem Ersten.

Und dieser Stich verpasste ihm auch gleich einen Stich ins Herz, als er jetzt wieder an ihn dachte.

In dem nicht ganz professionell gefertigten Kupferabbild an der Wand konnte man sechs Karnevalsorden mit sechs Narrenkappen erkennen. Dass ausgerechnet der Stich mit Hans als Motiv dem Künstler nicht perfekt gelungen war, sah man allein anhand eines in der aktuellen Situation eher makaber wirkenden Kunstfehlers: Bei genauerem Hinschauen entdeckte Marius, dass eine Flüssigkeit aus der Kappe der Ehrengarde, die auf Hans' Kopf saß, nach unten lief. Durch das rot schimmernde Kupfer sah es aus wie Blut. Ihn durchfuhr es schmerzhaft. Verdammt, reiß dich zusammen, Marius, beschwor er sich. Gut aber, dass der Kupferstich ihn auf diese Weise daran erinnerte, was ihn hierher gebracht hatte. Jupp zu finden, hatte die Mission zunächst geheißen, um den Mord an Hans aufzuklären. Jetzt hatte er Jupp zwar nicht gefunden. Aber es konnte auf keinen Fall schaden, sich ein vollständiges Bild von ihm zu machen. Und wie gewann man ein besseres und vollständigeres Bild von einem Menschen als durch einen Blick in seine Wohnung? Und so ließ er die Augen weiter schweifen. Am aufdringlichsten und größten in dieser skurrilen Umgebung war ein Gebilde, das mitten im Wohnzimmer, wenn man die Bettstätten von Schlafsäcken denn so nennen wollte, platziert war: Eine fast mannshohe Statue stand da mitten im Raum, die ihn bei genauerer Betrachtung an eine Plastik erinnerte, die er vor Jahren in Antibes im Picasso-Museum bewundert hatte. Nur war das hier war kein Gebilde von Geigen, sondern eines aus Notenschlüsseln. Du hast sie eben immer geliebt, Jupp, die Musik, ging es Marius durch den Kopf. Darin zumindest schien sich bei ihm nicht viel geändert zu haben. Nur ein Musikliebhaber würde sich so ein Monster aus Notenschlüsseln als Huldigung an die Kunst ins Wohnzimmer stellen. Jupp war früher schon ungemein begeisterungsfähig und leidenschaftlich gewesen. Er freute sich wie ein Kind zu Weihnachten, wenn er einen perfekten Akkord hinbekommen hatte. Aber ebenso gut konnte er wie Rumpelstilzchen in die Luft gehen, wenn einer im Ton daneben lag. Marius hatte ihn für diese Leidenschaft bewundert. Auch wenn Jupps ehrgeiziges und perfektionistisches Temperament das Zusammenspiel mit ihm in ihrer Band nicht immer einfach gemacht hatte. Die Musik war Jupps Lebensinhalt, die Suche nach dem Song seines Lebens seine Erfüllung, sein Antrieb. Seine Lust. Und auf einmal durchfuhr Marius die schreckliche Gewissheit, dass sie Jupp damals nicht nur irgendein Lied genommen hatten. Sie hatten damit etwas viel Schlimmeres getan, als sich zu Unrecht zu bereichern und sich mit fremden Federn zu schmücken. Sie hatten ihn um sein Lebenswerk betrogen. Was für ein Genie war er doch gewesen! Oder war er es immer noch? Aber jetzt hallte nicht Jupps Musik durch den Raum. Viel aufdringlicher war das ganze Kupfer in der Wohnung. Wohin man auch blickte, war irgendetwas aus Kupfer. Was für andere Gold war, war für Jupp offenbar dieses Metall. Was das zu bedeuten hatte, würde er noch klären müssen. Aber eines hatte diese kurze Reise in die Vergangenheit in Jupps Wohnung zu Tage gefördert: Jupps Motiv. Rache.

Eine Leiche geht auf Reisen

Völlig andere Motive leiteten Willi. Denn der war ganz von seiner Liebe zu Josi beseelt. Er wollte alle Kräfte zusammenraffen und den leichenschweren Körper gen Beuel schaffen. Nur wie unauffällig eine Leiche aus dem Keller ins Auto schleppen? Er schaute sich im Keller um. In einen Teppich wickeln schien ihm irgendwie zu abgegriffen. Und nebenbei auch zu schwer. Da erblickte er einen riesigen Kleidersack. Ideal. Sogar mit Kleiderbügel. Damit könnte er Hans auch bequem in der Räucherkammer aufhängen. Neben die Mettwürstchen. Hängen war Hans ja mittlerweile gewohnt. Und zu seiner großen Freude entdeckte er im Inneren des Kleidersacks sogar Schnüre zur Befestigung. So hätte Hans guten Halt im Inneren. Und jetzt ab in die Räucherkammer. Mit einem sperrigen Kleidersack würde Willi kaum auffallen, zumal er in Karnevalszeiten häufiger damit gesehen wurde, um Uniformen oder auch schon mal die Ornate von Prinz und Bonna zur Reinigung zu bringen.

Willi war kurz vor einem Zusammenbruch, als er Hans endlich in der Räucherkammer hängen hatte, aber er musste zugeben, dass er das ja bestens hinbekommen hatte. Die Räucherkammer war tatsächlich der ideale Ort, lobte Willi sich selbst ob dieser genialen Idee. Und wenn die aus Versehen mal angehen würde, so wäre der Hans gleich viel leichter und handlicher. Auch das hatte ja seinen Charme. Für spätere Transporte.

Stolzes Unterfranken

Hans' Notar des Vertrauens war Friedel Hundgang. Er hatte sich über die Jahre eine stattliche Kanzlei aufgebaut. Im Raum Frankfurt war er Ansprechpartner für alle großen Banken in Sachen notarielle Vereinbarungen. Er beschäftigte 227 Mitarbeiter, von denen Stefan immerhin ganze zwei bekannt waren. Denn diese zwei agierten in der Würzburger Fasenacht stets an Friedels Seite: zum einen der Adjutant Christian Imrein mit dem Spitznamen Grille und zum anderen Waldemar Mehlong, den alle nur als Walli kannten. Sie waren quasi Stefans fränkische Amtskollegen, die er beim letzten Corpsbesuch einer kleinen Bonner Abordnung in Würzburg kennen gelernt hatte.

Die vielen weiteren Mitarbeiter, die in einem immensen Bürokomplex für Friedels Imperium arbeiteten, kannte Stefan allenfalls vom Sehen. Umgekehrt war das anders, schließlich erinnerte man sich auch in Würzburg an einen Bonner Adjutanten. Schon gar an einen Adjutanten wie ihn. Ein Bonner Karnevalist hinterlässt im Frankenland eben einen ähnlich nachhaltigen Eindruck wie der Besuch des Kölner Dreigestirns bei den Karnevalsfreunden Wormersdorf, dachte sich Stefan, als er von den Umstehenden in aller Herzlichkeit begrüßt wurde. Prominent bleibt eben prominent.

Beim Eintritt in die Empfangshalle trat als erste Frau Lieblich auf ihn zu. Wenn er sich selbst wegen seines Bekanntheitsgrades eben noch sehr geschmeichelt gefühlt hatte, so schwang diese Empfindung jetzt um.

Auf einmal war er weniger von sich überwältigt, als davon, so einen Menschen wie Friedel zu kennen. Nicht nur, weil er die Würzburger Fasenacht anführte, sondern weil er es offenbar, sagen wir es milde, auch beruflich an die Spitze geschafft hatte. Und das wusste man sofort, wenn man in diese Atmosphäre hier eintrat. Stefan hatte Friedels Schaffenskunst bisher wohl völlig unterschätzt. Das Entree gebot Hochachtung. Dagegen war der Spiegelsaal von Versailles ein müder Dreck. Ein riesiger, von Säulen umgebener Innenraum empfing ihn, auf der einen Seite stilvoll klassisch, auf der anderen Seite hochmodern mit gläsernen Aufzügen an allen vier Seiten der Halle. Und das machte ihm auf einmal Angst. Wie zum Teufel sollte er diesen Friedel, der das hier sein Eigen nennen durfte und mit dem er so oft mit Hans in Bonn auf den Sitzungen und im Zeughaus gewesen war, davon überzeugen, ihm das von Hans hinterlegte Testament auszuhändigen? Er schluckte. Als er diesen Gedanken gerade zu Ende gedacht hatte, wurde er auch schon von Friedels Chefsekretärin abgeholt und mit dem gläsernen Aufzug über die neun Etagen des Komplexes in eine spiegelverzierte Galerie befördert. Das ganze Gebäude war komplett mit Glas umbaut. Es war nüchtern und modern. Zu nüchtern und modern, wie Stefan jetzt langsam fand. Da hatte der Friedel vielleicht doch ein wenig dick aufgetragen. Aber ihm ging dann doch wieder das Herz auf, als er Friedels Sammlung seiner Orden der letzten 28 Jahre Vereinsarbeit erblickte. Angesichts des gemeinsamen Hobbys gewann er wieder an Selbstsicherheit. Wenigstens, was den Karneval anging, waren sie auf Augenhöhe.

Etwas milder gestimmt schaute er sich um und ließ die Umgebung auf sich wirken. So eine Sammlung hatte selbst Stefan noch nicht gesehen. Jeder von Friedels Orden war auf einem kleinen Spiegel platziert, der in den jeweiligen Vereinsfarben beleuchtet war. Zur Auflockerung des ganzen Prunks hatte er zusätzlich Bilder der Kölner Skyline angebracht, die Friedels bester Freund Hans seit Jahren gefertigt und mit Gedichten versehen zum Verkauf angeboten hatte. Doch er war hier noch nicht am Ziel angekommen. Die Chefsekretärin eilte vor und öffnete Stefan nun die nächste Tür, die eher ein Tor war. Sie war etwa vier Meter breit und drei Meter hoch und hatte die Form einer gewaltigen Narrenkappe. Das war wirklich einzigartig. Das gab es nicht einmal in Köln. Wenn die

Franken schon nicht durch wirkliche Karnevalsfolie glänzen konnten, so mussten sie eben wenigstens nach außen etwas angeben, dachte Stefan missbilligend, aber insgeheim neidisch. Das Bonner Haus des Karnevals war hiergegen ein schmuckloser Nutzbau. Natürlich wurden die Räume nebenbei auch noch als Kanzleisitz genutzt. Und wie er die Franken kannte, konnten die sich das hier nur leisten, weil sie die Kosten für den Komplex so mühelos von der Steuer absetzen konnten. Vielleicht sollte man sie sich doch in mancherlei Hinsicht zum Vorbild nehmen, überlegte Stefan noch kurz, bevor er leider immer noch etwas zu ehrfürchtig das Büro betrat. Und „Büro" war eine gelinde Untertreibung. Es war eher eine „Hall of Fame". Selbst in Anbetracht des in dieser Größe und Schönheit schon überwältigenden Flurs hatte er dies nicht erwartet. Lange schwarze Vorhänge hingen von der Decke und gaben dem Raum etwas Mystisches. Ein Kronleuchter, der seiner Größe nach auch im großen Festsaal des Kölner Maritim-Hotels hätte hängen können, schwebte über einem überdimensionalen Mahagonischreibtisch, an dem der blonde, fast zwei Meter große Friedel Hundgang in einem thronähnlichen, großen roten Sessel saß.

Seine beiden besten Anwälte aus Süddeutschland, Grille und Walli, saßen in zwei abgetrennten Büros, deren Glaswände bei Bedarf verdunkelt werden konnten. Auch das war imposant, da niemand an Friedels Schreibtisch sitzen konnte, ohne gleich auf die zwei Staranwälte im Hintergrund zu blicken.

Als Stefan auf den Schreibtisch zutrat, begrüßte Friedel ihn in seiner lockeren bayrischen Art und ließ seine Zweifel an der Machbarkeit seines Vorhabens vorerst zurücktreten.

„Servus, Stefan. Wie geht's dir, Burschi? Guat schaust aus. Jamei, lang hammer uns net gsehn, gell? Wie geht's meinem Freund in Bonn? Was macht mein Hans? Hob gestern noch mit ihm telefoniert. Der war etwas schlecht dran, kams mir vor." Friedel drehte sich zu seinen beiden Mitarbeitern um. „Jungs, schaut mal her, wer zu Gast ist! Der Stefan aus Bonn!"

Und kaum war es ausgesprochen, kamen die zwei im Karneval außergewöhnlich locker agierenden Staranwälte aus ihren aquarienartigen Büros dazu.

„Ja hey, Stefan, hobe die Ehre. Was verschlägt di hia hin?", begrüßte ihn Grille. Friedel ließ die drei gewähren und kümmerte sich statt weiterer Begrüßungsfloskeln lieber um das Wesentliche. Er war wirklich das fränkische Pendant zu Karl Heinz. Und so orderte er über die Sprechanlage erstmal bei seiner Sekretärin Frau Biermann vier Halbe.

„Ein Halbes ist schließlich 'ne Mahlzeit und man hat noch nichts dazu gegessen", wie nicht nur er stets zu sagen pflegte. Die Mittagszeit war längst überschritten und auch der Franke im Allgemeinen ist nicht nur ein ausgesprochen gastfreundlicher, sondern auch ein überaus trinkfreudiger Mensch.

Sie tauschten bei einem Halben kurz einige Höflichkeitsfloskeln aus, sprachen darüber, dass der schmutzige Donnerstag in Würzburg längst nicht so exzessiv gefeiert würde wie im Rheinland und beschäftigten sich alsdann mit der Organisation der zum Halben gehörenden Mahlzeit. Friedel bestellte kurzerhand einen Tisch für 4 Personen im Vereinsheim der Unterfrankennarren.

„Gell, Burschi, du gehst fei mit uns auf den Fasching, oder?"

Stefan traute sich kaum, zu widersprechen. Doch der Weg zum Verstand führt zunächst durch den Magen, dachte er sich. Er nahm einen kräftigen Schluck, den auch der hartgesottenste Maß-Trinker bewundert hätte, dachte daran, dass auch das den Magen füllen würde, nahm seinen ganzen Mut zusammen und setzte schüchtern an: „Friedel, ich muss dich mal unter vier Augen sprechen."

„Wieso, ist was g'schehn?" Aufgrund des besorgten Ausdrucks in Stefans Gesicht wurde er ernst. „Jo mei, komm, Emmerichchen, ich bestell bei Frau Biermann noch mal zwei Bierchen und danach gehen wir zwei rüber in Vereinsheim. Do gehen mir schön am Main entlang, da kannst du mir alles erzählen. Meine zwei Jungs hier fahren eh mim Taxi." Er schmunzelte und rief in die Runde: „Gell, ihr seits eh faule Burschen!"

Die drei Franken hatten ab dem ersten Bier bereits den Weg zu karnevalistischer Lockerheit gefunden. Und auch Stefan war da langsam angekommen und fühlte sich, als gehörte er seit Jahren dazu. Doch nun war das Bier getrunken und die große Frage geriet wieder in den Vordergrund, wie er Friedel seine Fragen stellen konnte, ohne preiszugeben, dass Hans tot war. Erstens wollte er den Würzburgern nicht den Spaß am Karneval nehmen. Zweitens waren die Verbindungen nach Bonn zu gut, als dass diese Information nicht sofort den Weg in die Heimat gefunden hätte.

Und so gingen Stefan und Friedel nun am Main entlang. Stefan wollte versuchen, sich zu dem heiklen Thema vorzutasten, platzte aber stattdessen unbeholfen mit seinem Anliegen heraus: „Also, es ist so, Hans schickt mich. Ich soll etwas von ihm abholen. Vielleicht braucht er es bald. Und dann am besten schnell."

Friedel blieb abrupt stehen, starrte ihn mit aufgerissenen Augen an und war offensichtlich ob dieser Frage höchst alarmiert. „Wie, wo, was, warum? Was ist da los bei euch? Ist was passiert? Ich weiß nicht, was er hier bei mir hinterlegt hat. Er wollte es selbst mir nicht genau sagen." Er griff nach seinem Handy und begann, hektisch Hans' Nummer einzutippen. „Friedel, nein, nein, lass das." Es begann am anderen Ende schon zu läuten. Stefans Hirn arbeitete auf Höchstleistung, bis ihm die Rettung einfiel. „Friedel, Friedel, nein, nicht nötig. Es ging ihm gestern nicht gut, als er mir den Auftrag gegeben hat. Wir kennen uns gut genug, damit du weißt, dass ich dir hier nichts vormache. Was hätte ich auch davon? Ich weiß ja noch nicht einmal, was da drin steht. Er hat nur gesagt, ich soll sein nächstes Vermächtnis abholen." Was streng genommen nicht einmal falsch war.

Friedel klappte das Handy zu. Es war Hans ja gestern tatsächlich nicht gut gegangen. Das würde wohl stimmen. Und warum sollte er Stefan nicht glauben? Er wehrte sein angeborenes Misstrauen, dessen Berechtigung er als Steuerberater und Anwalt fast täglich aufs Neue bestätigt sah, ab. Er fuhr auf Freundschaftsmodus herunter, sah Stefan in die Augen und murmelte: „Verflucht, Sakrament! Ich würd jo gern helfen. Grad, wenn's dem Hans nit gut geht. Aber: Er hat mir seinerzeit strenge Anweisungen gegeben. Keiner bekommt den Umschlag von Hans, solange er mir das nicht persönlich sagt oder sein Kai mir dazu ein Gedicht erzählt. Hans' Anweisung. Also Anweisung von ganz oben. Ich kann da nichts für dich tun. Ehrlich. Selbst, wenn ich wollte." Zum Glück ahnte er noch nicht, von wie weit oben Hans' Anweisungen jetzt kommen würden, dachte Stefan.

Kupferbrezel

Kupfer, ging es Marius durch den Kopf. Kupfer war ja bekanntlich nicht ganz billig. Er geriet immer mehr ins Grübeln. Er war sich irgendwie sicher, hier Jupps Domizil gefunden zu haben. Nur was sollten die Schlafsäcke hier? Ob Jupp seinen Freunden Asyl gewährte? Und sich das selbst leisten konnte? Wenn hier aber tatsächlich Obdachlose ein- und ausgingen, würde das zumindest erklären, warum ihn der Brezel-Bub Yüksel so seltsam angeguckt hatte. Nun war er für sein Empfinden nicht gerade bestens gekleidet, aber für die mutmaßlichen Gäste dieses Etablissements wohl overdressed.

Nur war von Jupp nach wie vor keine Spur zu sehen. Er durchstöberte die Schlafsäcke, fand aber – zu seiner großen Erleichterung – weder einen Lebenden noch einen Toten. Und schon gar nicht Jupp. Die waren wohl alle beim „Organisieren". Er dachte schon wieder an die Landstreichergilde. Früher strichen sie noch durchs Land und versuchten, sich von Ort zu Ort durch Betteln über Wasser zu halten. Heute sah ihr Tagesablauf wohl anders aus. Diese Tätigkeit war ersetzt worden durch das Stellen von Anträgen beim örtlich zuständigen Amt. War aber auch letztlich egal. Was auch immer sie in ihrem Alltag treiben mochten, jetzt waren sie wohl beschäftigt. Und er konnte ungestört weiterforschen.

Der einzige Raum, den Yüksel wieder verschlossen hatte, war die Küche. Hier durften die Mitbewohner von Jupp wohl nicht rein. Wenn er wirklich hier wohnte, dann hatte er sicher darin sein Hab und Gut untergebracht. Marius musste da rein. Und da half der gekonnte Einsatz des zurechtgebogenen Metall-Kleiderbügels aus der Wäscherei Heu, den Marius zum Dietrich umfunktionierte, um hinter das Geheimnis hinter dieser Tür zu kommen. Gelernt war immerhin gelernt. Das hatten sie im Studentenwohnheim immer so gemacht, wenn mal einer seinen Schlüssel vergessen hatte. Ob sich der Einsatz überhaupt lohnen würde? Dieser vermeintlich geheimnisvolle Raum war wahrscheinlich auch nur mit Brezelkartons gefüllt. Aber da er nun schon mal hier war… Er würde es gleich wissen. So oder so. Und siehe da, nach kurzem, aber energischem Gedrehe und Gefummel im Schloss der alten und leicht angegilbten

Holztüre erblickte Marius etwas für ihn dann doch Unglaubliches: Eine Bäckerei, die zumindest hier in der Innenstadt ihresgleichen suchen würde. Picobello sauber mit einer Marmortheke, einem Brezelofen und großen gepflegten Holzschiebern, um den Ofen zu beschicken. In der Ecke daneben ein großer Tisch, der wie von einem Designer komplett in Kupfer geschmiedet und verlötet war. Bei einem Blick in die Lübüg-Kartons wurde klar, dass Yüksel nur Teiglinge angeliefert hatte, die hier in nächster Zeit verarbeitet werden müssten. Keine fertigen Brezeln. Wenn Jupp also keine Angestellten hatte, womit Marius rechnete, musste er bald wieder auftauchen und er – Marius – dann wieder abgetaucht sein. Also war höchste Eile geboten, wenn er noch etwas herausfinden wollte. Ein Gespräch mit Jupp sollte warten, bis er die Hintergründe von dem allen hier geklärt hatte. Er musste nachdenken. Eines war jetzt jedenfalls klar: Jupp hatte hier nicht nur einige Habseligkeiten. Er führte ein akkurates kleines Brezelbackunternehmen. Er hatte zwar offensichtlich seine Freunde aus den wirklich schlimmen Zeiten nie vergessen und für Obdach für sie gesorgt, aber er würde hier mit Sicherheit nicht mit ihnen wohnen. So klein waren die Brötchen, die Jupp backte, dann augenscheinlich doch nicht. Plötzlich fiel Marius' Blick auf eine große Kupferbrezel, die auf der Fensterbank platziert war und als eine Art Briefbeschwerer für kleine Zettelchen diente. Das machte ihn neugierig. Und Bingo: Hier lag Post, gerichtet an Josef David, wie Jupp mit bürgerlichem Namen hieß. Post der Obdachlosenvereinigung „Schlaf warm", der Kinderbegegnungsstätte „Hau den Kevin!" und ein Strafzettel der Stadt Bonn. „Hau den Kevin"? Das war ja offensichtlich ein Gag. Er guckte genauer hin, und sah, dass dies der Name irgendeiner Spaßvereinigung sein musste, weil darunter eine Einladung zu einer Boxveranstaltung für Hobbyschläger zu lesen stand. Er sah sich auch das Schreiben der Stadt genauer an und wurde stutzig. Es war ein Knöllchen für falsches Parken. Dass man mit dem Brezel-Fahrrad in Bonn ein Knöllchen bekam, war ihm neu. So erfindungsreich war nicht einmal die Stadt in der Erhebung neuer Bußgelder.

Ein Nummernschild aus Ahrweiler: AW-JD-1111. Hier stimmte doch etwas nicht! Er musste weg und das am besten, bevor hier wieder eine wilde Horde einfiel, um ihre Schlafsäcke zu beziehen. Das wollte er nicht miterleben und hier auch noch erwischt werden. Er hatte genug gesehen, um weiterzuforschen.

Sherlock the Doc griff zum Handy und rief diesmal seinen Freund und Vereinskameraden Peter Blau an, der seit 22 Jahren bei der Polizei arbeitete. Bei ihm hatte er noch einen Gefallen gut, seitdem er ihn mit Physiotherapie im Warmwasserbad von seinem Bandscheibenleiden kuriert und ihm seinen Arbeitsplatz gesichert hatte, als er vor etlichen Jahren seine Lebenszeitverbeamtung durch hatte. Peter hatte ebenfalls schon vor etlichen Jahren den Namen seiner Frau aus blanker Not angenommen, als er Elfriede Blau geheiratet hatte. Abgesehen von der Komik der Namensgebung hatte ihn der Name von ganz alltäglichen Problemen befreit. Als er damals noch Licht geheißen hatte, war er mit diesem Namen in dem 12-stöckigen Hochhaus, in dem er wohnte, nachts nämlich nie zur Ruhe gekommen. Aber wie dem auch sei, Peter war für drei Bier am Abend im *Gequetschten* an der Theke zu fast jeder Auskunft bereit. Und diese Biere würde er ihm sicher stunden, so dass Peter ihm tatsächlich sogar am Telefon Auskunft gab. Während Marius noch zu seinem Auto zurückging, hatte er schnell, unbürokratisch und in höchstem Maße effizient den Namen des Halters und dessen Anschrift herausbekommen: Jupp David, Nibelungenweg, Remagen. Und ebenso schnell den Fahrzeugtyp: Natürlich kein motorbetriebenes Fahrrad, sondern ein Audi A 6 war auf diesen Namen zugelassen…

Hallo, Herr Nachbar

Um seinen Verdacht zu bestätigen, wollte Marius erst einmal in der Nachbarschaft des Hauses am Nibelungenweg in Remagen schnüffeln gehen. Ohne zu wissen, was Schnüffeln im detektivischen Sinne eigentlich bedeutete. Erneut wünschte er sich seinen Freund Hubertus herbei, der ihm aber jetzt kaum helfen könnte. Der musste ja schließlich seinen Vortrag halten. Einigermaßen unbeholfen klingelte er daher zunächst beim direkten Nachbarn. Mann, jetzt hatte er schon so viel Krimis gesehen und gelesen, und trotzdem fiel ihm nicht ein, was die Detektive immer in solchen Situationen sagten! Ein „Mein Name ist Derrick, Kommissar Derrick" käme kaum glaubhaft rüber. Schon gar nicht ohne Marke. Auch die englische Version: „Mein Name ist Bond, James Bond" kam ihm wenig gelungen vor. Dann erinnerte er sich des jetzt außer Dienst getretenen Matulas, der stets mit unglaubwürdigen, aber harmlos daherkommenden Fragen ein Gespräch begann. Also wollte er es auch so versuchen.

Als ihm der Nachbar tatsächlich öffnete, fragte er daher mehr unbeholfen als sinnvoll: „Entschuldigung, ich habe gehört, Herr Krahnfahrt, Ihr Nachbar, verkauft seinen Lieferwagen. Der Herr ist aber leider nicht zu Hause. Kennen Sie Herrn Krahnfahrt näher und wann kann man ihn am besten erreichen?"

Wie er auf den Namen „Krahnfahrt" für Jupp gekommen war, wusste er jetzt selbst nicht. Tarnung war immerhin auch bei Matula alles. Die Frage, ob es sinnvoll war, für den Namen des Gesuchten auch einen Tarnnamen zu nehmen, stellte er sich jetzt erst. Nachdem er sich aber in diese missliche Lage gebracht hatte, setzte er dann logisch fort: „Kann das sein, dass Herr Krahnfahrt sonst einen Audi A 6 Kombi mit dem amtlichen Kennzeichen AW-JD -1111 fährt?"

„Ja, also…", setzte der Nachbar an, „Guten Tag, der Herr. Würde Sie ja gerne mit Namen ansprechen. Aber den haben Sie mir ja nicht verraten."

Verdammt, dachte der Doc, war denn Matula immer so förmlich und korrekt? „Entschuldigen Sie bitte. Marius Demeter ist mein Name. Doktor Marius Demeter." Auf den Doktortitel legte Marius normalerweise keinen Wert. Aber bei der Generation des Nachbarn erweckte das erfahrungsgemäß Vertrauen und Achtung. Und damit lag er richtig. Er musste schmunzeln, als sein Gegenüber ihn daraufhin deutlich aufgeschlossener und vertrauensvoller ansah und sogleich antwortete: „Der Herr Nachbar ist eigentlich am Wochenende nur vormittags hier anzutreffen. Unter der Woche auch schon mal abends, aber das eher selten. Er ist ein sehr ruhiger Mann. Wir wissen nicht sehr viel über ihn. Er hat das Haus gerade erst vor ein paar Jahren gekauft. Wir sind ja hier ein wenig zurückhaltend mit der Nachbarschaft, die neu hinzuzieht. Aber wenn ich so überlege: Er fährt einen Audi, aber mit dem Nummernschild kann ich Ihnen leider nicht dienen. Kaufen Sie Ihm bloß die alte Klapperkiste ab. Er hat uns das erste Jahr damit jede Nacht aus dem Schlaf gerissen, als er nach Hause kam. Und einen Lieferwagen hatte er am Anfang auch. Der ist zum Glück schon weg. Oder er steht in der Garage, weiß ich nicht. Aber, nebenbei: Wieso heißt der Krahnfahrt? Ich dachte immer, er heißt David. Aber sollen wir nicht bei einer schönen Tasse Kaffee ein wenig plaudern? Da Sie ja Arzt sind: Mir zieht es da neuerdings immer so im Rücken. Und wissen Sie, der Urin ..."

Das waren die Momente, in denen selbst Marius seinen Beruf hasste. „Oh, danke für die freundliche Auskunft. Ich bin leider etwas in Zeitnot, komme aber später sicher gerne auf Ihr nettes Angebot zurück. Dann werde ich mein Glück wohl mal am Vormittag versuchen." Er wollte die Flucht ergreifen, bevor der Nachbar noch mit seinen Prostatabeschwerden ankommen konnte. Er verabschiedete sich fluchtartig, aber glücklich. Wie schön war es doch, wenn die Leute trotz der Verwendung eines Tarnnamens für den Verdächtigen dennoch die richtigen Antworten gaben, dachte er sich. Das Kunststück würde Matula sicher nicht geschafft haben. Aber wahrscheinlich traf er auch nicht allzu oft auf redselige Rentner mit Beschäftigungsnotstand. Sofort ermahnte sich der Doc, dass wohl auch ein wenig Glück dabei gewesen war. Und dass Matula ja auch stets in Frankfurter Großstadtvillen und nicht im ländlichen Remagen ermittelt hatte.

Marius fühlte seine bisherigen Thesen bestätigt. Jupp wohnte hier und war deutlich bessergestellt, als sie alle vermutet hätten. Dass Jupp nur zu gewissen Zeiten hier war und sich hier auch erst vor wenigen Jahren angesiedelt hatte, könnte passen. Das Auto stimmte auch. Der Audi und der Lieferwagen für Backwaren – oder was auch immer sie waren. Es wurde eigentlich höchste Zeit, Jupp persönlich einige Fragen zu stellen. Aber er wollte das immer noch aufschieben, wohl aus Angst vor dem Ergebnis. Also Plan B. Er wollte, da er schon mal hier war und bei seiner letzten Wohnungsdurchsuchung so viel erfahren hatte, Jupps Haus näher in Augenschein nehmen, nachdem er sich jetzt sicher fühlte, dass es dessen wirklicher Wohnsitz war. Zwischenzeitlich sah er sich selbst schon als genialer Ermittler und wollte als erstes die Garage inspizieren. Und auch hier kam ihm das Glück des Fleißigen zugute. Genau diese hatte Jupp oder dessen Gärtner, wer wusste das schon, vergessen zu schließen...

Er wurde diesmal vergleichsweise schnell fündig, in einem alten Lieferwagen in der Garage. So, wie das Auto ausgesehen hatte, war es das gewesen, was den Nachbarn den Schlaf geraubt hatte, nicht der Audi. Und, was er darin fand, erklärte ihm einiges. Er, der „Corpsdetektiv", zählte eins und eins zusammen. Und das bestätigte seinen Tatverdacht!

Tour de Billets

Die schweren Gedanken hatte Karl Heinz am Berg gelassen. Und so radelte er weiter, wieder ganz der Kommandant. Am Schloss wollte er schließlich den erhabenen Schlossbesitzer und König des Karnevals geben, um beim Trohnesacks Mathes hinreichend Eindruck zu machen. Und genau von dieser Einstellung beseelt empfing er Mathes im Innenhof des so liebevoll in Gelb gehaltenen und frisch restaurierten Schlosses.

„Hallo, mein Freund, ist es nicht überwältigend, in was für ein Ambiente ich dich hier geladen habe?" Alter Trick. Wenn es sonst keiner ansprach, so musste man es eben selber tun, um sich die notwendige Geltung zu verschaffen. „Für diese eindrucksvolle Kulisse habe ich nun drei Wochen die Schlüsselgewalt. Im Fall der Fälle kann ich jetzt anstelle meiner allerbesten Freundin, der großen und über alle Grenzen hinaus bekannten Künstlerin Hellen van der Mal, deren Kunden in diese königlichen Gemäuer geleiten und ihre Kauflust animieren."

Das blieb nicht ohne Wirkung: „Wow, klasse!", sagte Mathes, offenbar aufrichtig bewundernd. „Ich dachte, du handelst mit Schrott und nicht mit Kunst."

In diesem Fall war das eigentlich das gleiche, dachte Karl Heinz, still vor sich hin lächelnd, ließ sich aber natürlich nichts von diesem Gedanken anmerken, sondern baute das ihn umgebende Scheinbild stattdessen weiter aus. „Wer verkaufen kann, kann alles verkaufen, Mathes. Die Kunst an der Kunst ist, die Kunst zu verkaufen. Leider müssten wir für eine Führung durch dieses traumhafte Schloss und den Botanischen Garten einen weiteren Termin ausmachen. Für künstlerische Liebhabereien dieser Art fehlt uns beiden ja zurzeit die Zeit. Aber wenn wir uns einig sind, werden wir das organisieren können. Ich komme in diesem Gebäude immer so ins Schwärmen. Lass uns hoch in unser Atelier gehen. Dort werd ich dir die Kunst präsentieren, die mir meine Hellen anvertraut hat. Nur als kleiner Vorgeschmack."

Achterbahn

Etwa zur gleichen Zeit saß Jupp ganz entspannt noch bei einem sehr ausgedehnten Katerfrühstück. So ausgedehnt, dass er allein zurückgeblieben war und die Reste wegsoff. Das Fass war ja eh bezahlt und noch nicht leer. Alles Schwächlinge hier. Das konnte man doch nicht zulassen! Der gute Gerstensaft! Das Personal in der Godesberger Stadthalle kannte er zum Glück lange genug. Und sie ihn auch. Auch hier kam ihm sein Pennerbonus zugute, den er lieben gelernt hatte: Er hatte freies Trinken, was seiner Sparsamkeit sehr entsprach. Und die anderen konnten als gewohntes Spiel von Geben und Nehmen ihr soziales Gewissen beruhigen, weil sie dem armen Kerl ohne eigene Kosten etwas Gutes tun konnten. So hatten doch alle etwas davon. Der geschenkte Gaul ist eben meistens faul, philosophierte er. Er nahm sich alle Zeit der Welt und blickte auf sein Smartphone. Und zu seiner ohnehin guten Stimmung fand er dort glatt ein lustiges Video. Die Sache hatte ja noch mehr Fahrt aufgenommen, als er gehofft hatte. Der Doc war eigentlich ganz gut getroffen. Na warte, Bürschchen.

Aber er wollte die Achterbahn besser erst richtig Fahrt aufnehmen lassen, bevor er die Bremse zog. Oder besser die Bügel versagen ließ?, fragte er sich, lehnte sich zurück und wartete auf das nächste lustige Video, das kurze Zeit später ebenfalls auf dem Bildschirm erschien. Und jetzt sogar als Live-Übertragung. Wenn das keine gute Unterhaltung war...

Stefan und Friedel sprachen weiter, nachdem Stefan zunächst etwas betreten dreinschauen musste. Aber auf einmal wurde ihm etwas klar: Er hatte ein Ass im Ärmel, das er bis vor wenigen Minuten noch für eine Karo Sieben gehalten hatte. Kai war doch dabei! Hier in Würzburg! Und schließlich wäre es eine schöne Abwechslung, wenn sich Stefans Geduld gegenüber Kai jetzt verdient machen würde. Jedenfalls dann, wenn Kai mal das Maul aufbekäme und auch ohne Essen im *Edelweiß* und gutes Zureden seiner Mutter das Richtige gereimt aufsagen würde. Die Hoffnung stirbt eben zuletzt, dachte Stefan. Er wandte sich erstmals mit einem halbwegs sicheren Gefühl im Bauch wieder an Friedel: „Na, wenn das so ist: Natürlich hat Hans mich nicht ohne Kai hierhergeschickt. Ich ruf ihn kurz an. Warte eine Sekunde!" Stefan zückte sein Handy, um festzustellen, dass seine Planung hier versagte. Warum hätte er in der Vergangenheit auch jemals in die Verlegenheit kommen sollen, mit dem zu telefonieren? Aber dieses kleine logistische Loch würde bei Friedel wieder für Misstrauen sorgen, wenn er Kai nicht anrufen könnte. Also musste es über Frank gehen. Und er müsste Friedel, bis er wenigstens Frank ausgemacht hatte, erstmal ablenken. „Friedel, ich gebe einen aus. Da ist doch ein Kiosk. Hier hast du 10 Euro. Kaufst du uns eine Wurst und zwei Herzog von Franken? Ich genieße das immer gern, wenn ich hier bin. Schmeckt fast so gut wie Kölsch. Da bin ich ganz wie Hans. Der hatte...", upps, da wäre ihm doch fast ein Fauxpas passiert, „hat das doch auch immer so gern. Ich gehe in der Zwischenzeit mal wohin."

„Stefan, du isst ja gern heut. Aber klar, mache ich."

Und so hatte Stefan Zeit genug, um von der angeschlossenen Kiosktoilette über den Zentralruf der Taxifahrer und den Chef vom Dienst, den er natürlich gespeichert hatte, Franks Nummer zu erfahren.

***

Ob Marius tatsächlich noch das Gespräch mit Jupp suchen müsste, um ihn als Täter zu entlarven, war ihm nach wie vor unklar. Schließlich gab es in den Krimis, die er gesehen und gelesen hatte, zuerst immer den Toten, dann den Verdacht auf einen Mord und dann ein Motiv, das zum Täter führte. Er aber war in der misslichen Lage, dass er zwar einen Toten gefunden hatte, von dem er aber nicht sicher wusste, wie er umgekommen war. Er hatte nur ein mögliches Motiv für Jupp gefunden und war weit davon entfernt, wie Hercule Poirot aus dem Kreis der Verdächtigen den Mörder auszumachen. Er hatte streng genommen wirklich nur eins geschafft: ein Motiv zu finden. Also ergab es wenig Sinn, die „üblichen Verdächtigen" zu versammeln und mit seinem Ermittlungsergebnis zu konfrontieren, zumal die Polizei noch keine Ahnung von dem mutmaßlichen Mord hatte. Die hatten ja nicht einmal eine Leiche... Er müsste zur Polizei, das war klar. Er hatte zwar ein Versprechen abgegeben, aber war das wirklich bindend? Zumal er ja bislang nur Josi und Kai verdächtigt hatte. Menschen, die er nicht gerne als Mörder sah. Er dachte wieder an die Krimis, die er kannte. Stets hoffte er, dass der Täter nicht die arme, schicksalsgebeutelte, alleinstehende Mutter war, sondern lieber der aalglatte, profitgeile Investmentbanker ohne Angehörige, den niemand vermissen würde, wenn er im Knast landete. Wie schön wäre es doch, wenn Jupp der Täter wäre! Josi und Kai hätten keine Probleme wegen der Versicherung. Die Tantiemen-Sache würde ihm keiner mehr glauben. Er ginge in den Bau, und alles wäre gut. So dachte er, bevor sein Handy klingelte...

Hummergeil

Stefan hätte sich eigentlich dafür verfluchen können, dass er Kai und Frank einfach vor Friedels Büro geparkt hatte, ohne weitere Absprachen zu treffen. Seinen Corpsbus musste er schließlich nie dirigieren, der folgte ihm immer ungefragt, weil alles vorher abgesprochen war.

Hier natürlich nicht. Er war eine andere Qualität von Chauffeuren gewohnt. Frank parkte nicht, er hatte offenbar kaum gehalten, um Stefan aussteigen zu lassen. Denn als er Frank jetzt erreichte, waren er und Kai gerade dabei, mit dem Hummer auf höchstem Niveau Brennstoff und Gummi zu verbrennen. So klang es jedenfalls.

„Du störst, Stefan." Die Gewalt des Hummer-Motors schallte durch den Hörer. Es quietschte und röhrte, ohrenbetäubender als die im Gegensatz zu diesen Geräuschen fast lieb gewonnene Heavy Metal-Musik. „Verdammt, was treibt ihr gerade?"

„Wir gar nix, aber der Hummer, der kann's. Mit 180 km/h über die Hauptstraße. Und die Kurven. Rund um die Burg. Die kann er auch. Brumm!"

Solange er kein „Peng" hören musste, war Stefan ja fast schon zufrieden. Er schaffte es, trotz seiner Wut gegenüber Frank und Kai, die ihre Spritztour wohl als dufte Idee empfanden, relativ ruhig zu antworten. Er hatte, wie er sich ungern eingestehen musste, mehr Wut auf sich selbst als auf die beiden. Kleine Kinder spielen gern, große noch viel lieber, fiel es ihm wieder ein. „Frank, kommt ihr bitte? Ich müsste Kai um einen weiteren Gefallen bitten." Wenn er Willis devote Art, die er gestern gegenüber Frank an den Tag gelegt hatte, zwar insgeheim verabscheut hatte, konnte er doch nicht leugnen, dass diese sie zum Erfolg geführt hatte. Also versuchte auch er es statt mit einem Kommando mit einer Bitte. „Frank, holst du uns bitte am Vereinsheim ab?"

„Klar, wann bist du denn da?"

„In fünf Minuten."

Frank legte auf und Stefan mochte gar nicht darüber nachdenken, wie hoch Frank dafür den Tacho jagen würde. Hoffentlich kämen die gut an. Zumindest in dieser Hoffnung war Stefan aufrichtig. Denn ohne Kai käme er nicht weiter. Und ohne Gummi auf den Reifen kämen sie so schnell nicht wieder nach Bonn zurück.

Matula in Not

Bis zu dem Anruf war er kaum 10 km weit gekommen. Die Freisprechanlage meldete sich. Marius nahm den Anruf automatisch an, ohne darauf zu achten, wer anrief.

„Hallo Marius, ich bin et, der Brezel-Jupp."

Unwillkürlich stieg Marius in die Bremsen.

„Du hast da Sachen gesehen", fuhr Jupp fort, „die du für dich behalten solltest, da es sonst einen größeren Krieg um Gelder geben könnte, die eurem Verein und eurem komischen Brauchtumjedöns gewaltige Löcher ins Budget reißen würden."

Verdammt, woher wusste der das?, fragte sich Marius. Matula flog nicht so schnell auf. Und wenn doch, hatte er immer noch was auf Lager. Er nicht. Er stammelte nur: „Verdammt gut organisierte Nachbarschaft hast du da, dass die dich gleich informieren, wenn einer das Anwesen des verarmten Brezelmanns besichtigt. Hätte ich von dem freundlichen Herren nicht erwartet."

„Liebelein, die brauch ich gar nicht. Du bist über den Zaun geklettert. Das nennt man in Fachkreisen Hausfriedensbruch. Und in meine Garage bist du auch eingedrungen. Das Gespräch mit den Nachbarn lasse ich mal außen vor. Auf den senilen Alten setze ich keinen Cent. Ich hab dich auf Band. Grundstücksüberwachung per drahtloser Netzwerkverbindung in Echtzeit-Wiedergabe. Machst du jetzt einen auf Matula? Mensch, Marius, richte deine Knochen. Damit kennst du dich aus. Aber lass die Finger weg von Sachen, die dich nichts angehen. Aber egal, jetzt ist es nun mal so gekommen. Lass uns reden, bevor du auf noch mehr dumme Gedanken kommst!"

Das saß. Natürlich war Marius überfordert. Aber immerhin hatte er herausgehört, dass Jupp etwas wusste. Hatte er ihn angerufen, um ihn an einen einsamen Ort zu rufen und mundtot oder, noch schlimmer, gleich ganz tot zu machen? Wie Hans? Ihm wurde ganz anders. Was hatte er sich nur dabei gedacht? Marius, jetzt nur noch Corpsmitglied ohne detektivischen Wagemut, nahm das Gespräch wieder auf: „Was willst du?"

„Wir treffen uns, lieber Doc. Heute Abend ist Bullenball. 21 Uhr, Theke links. Dann reden wir. Und: Du kannst dir deines Lebens in diesem Umfeld sicher sein…"

Na, immerhin nicht der befürchtete einsame Ort. Aber der letzte Zusatz hatte Marius nicht sicherer, sondern besonders unsicher gemacht. „In diesem Umfeld" kannst du dir sicher sein. Was war denn dann mit allen anderen Umfeldern? Der Bullenball war das Karnevalsfest der Bonner Polizei. Wenn Jupp ihm ein so „sicheres" Umfeld beschaffen wollte, hieß das nichts anderes, als dass er in besonderer Gefahr war. Sie legten auf. Und Marius konnte natürlich nicht mehr hören, wie Jupp am Ende der Leitung belustigt und selbstzufrieden das Lied von der Achterbahn vor sich hin sang.

***

Es kam, wie es kommen musste: Als Friedel und Stefan am Vereinsheim ankamen, waren Kai und Frank schon da. Leider nicht ohne Blaulichtbegleitung. Stefan wusste nicht, wem sie mehr angetan hatten: Der Straßenverkehrsordnung oder den Reifen des Hummers. Friedel hatte trotz seiner guten Kontakte erhebliche Schwierigkeiten, das wieder glatt zu bügeln. Letztlich gab es nur eine Verwarnung an den Fahrer, schlappe 35 Euro für gute 180 km/h in der Würzburger Innenstadt. Kein Punkt. Friedel war es gelungen, das wachsame Auge der Verkehrspolizei zu blenden. Durch die Erwartung einer großzügigen Spende von Herzog von Franken-Bier für die alljährliche Karnevalsfeier der Gewerkschaft der Polizeiwache Würzburg Südost war zwar nicht deren vollkommene Blindheit, aber zumindest ein gesundes Maß an Kurzsichtigkeit zu bekommen.

Zu Stefans großem Glück kamen sie jetzt endlich dazu, das zu tun, wofür er und leider auch Kai, wenn auch nur zufällig, angetreten waren. Dabei kam es Stefan zugute, dass Kai augenscheinlich ein fast ebenso euphorisches Gefühl wie einen Tag zuvor mit Rosi erlebt hatte. Seine Augen glänzten. Adrenalin förderte seinen Verstand, wie es Stefan schien. Oder das, was er dafür halten musste. Ihm ging es gut. Die „Kleinigkeit" mit der Polizei hatte ihn kaum aus der Bahn gebracht. Und daher traute sich Stefan, Kai nach dem zu fragen, was er und Friedel von ihm hören wollten: „Kai, bitte höre mir zu! Wie du weißt, haben wir da etwas für deinen Vater zu erledigen. Hast du eine Botschaft für uns, die du Friedel mitteilen solltest?"

Kai starrte ihn immer noch so an, als würde er gerade noch mit 180 km/h durch die Innenstadt rauschen. Fern der Heimat, aber überaus glücklich. Mit einem seligen Lächeln sagte er:

> *„Alles gut,*
> *Papa OK.*
> *Gar kein Blut,*
> *tut nicht weh.*
> *Papa sagt: Friedel vor!*
> *Bevor ihr fragt,*
> *im Tresor."*

Und diesmal musste kein Essen im *Edelweiß* folgen. Friedel gab sich geschlagen. Er hatte alles in Hans' Sinne zu erledigen. Und er folgte daher seinem Auftrag.

Die Schlossherren

Mathes kam erst wieder zu Wort, nachdem ihn Karl Heinz in die heiligen Hallen geführt hatte, die von Bildern als Exponaten geprägt waren. Er fühlte sich ob dieser optischen Übermacht gleich zu einer Aussage gezwungen: „Ich dät jo su e Bild jlatt koofe, ävver isch han net dat Jeld dofür. Un ming Zick es dis Zick knapp."

Und so bemerkte Karl Heinz, dass die gewählte Szenerie den erhofften Erfolg hatte und traute sich daher, jetzt in medias res zu gehen. Ohne große Worte gingen sie durch das eher schlichte Treppenhaus in die Räumlichkeiten der ersten Etage.

„Okay, mein Lieber. Setz dich hier in den Ohrensessel. Lass es dir gut gehen. Historischer Ohrensessel, zu einem Komfort-Massage-Sessel umgebaut. Während wir hier plaudern, kannst du dir in aller Ruhe den Nacken massieren lassen."

Natürlich ließ Mathes sich das nicht zweimal sagen und versank sofort in dem Sitzmöbel, das Karl Heinz wegen seiner nahezu hypnotischen Wirkung bewusst gewählt hatte.

Natürlich half der Kult, den er um das Ambiente machte, dabei, Mathes etwas geschmeidiger um den Bart zu fahren. Und dann erzählte er ihm eine wilde Geschichte von dem Kölner Funktionär Festus Schmitz, der sich am Rosenmontag mit dem unangefochtenen und übermächtigen Präsidenten der Fränkischen Fastnacht, Wolfgang Friedel, treffen wollte, um den Präsidenten der Bundeskarnevalsvereinigung zu stürzen. Als feindliche oder freundliche Übernahme, das war noch nicht entschieden. Sie wähnten sich aber nicht sicher, was die Loyalität von Festus anging, was es dringend erforderlich machen würde, am Rosenmontag zu dieser konspirativen Unterhaltung einige Spione einzuschleusen.

„Du weißt doch, dass Hans der beste Freund von Friedel ist und aus diesem Grund bin ich hier. Friedel hat dem Hans gesteckt, dass euer Vorsitzender des CCC einer der Top-Kandidaten für das Amt ist. Wir sind aber nicht sicher, ob Festus dabei bleibt. Wenn du also mir, deinem CCC-Präsidenten und Hans einen Gefallen tun willst, sollte der Festus ein paar unauffällige und unbekannte Tischgäste bekommen, die die Ohren offen halten, wenn Festus dort mit dem vermeintlichen Gegenkandidaten aus Westfalen-Lippe zusammentrifft. Daher muss ich unbedingt diese Karten haben, für die große Satory-Sitzung am Tisch vom Bürgermeister, deinem Vorsitzenden und Festus." So oder ähnlich erzählte er eine völlig erfundene, theoretisch aber mögliche Räuberpistole, an die er sich später auch nicht mehr genau erinnern würde, die Mathes – völlig überrumpelt – aber glauben konnte. Gleichzeitig appellierte er an seine Loyalität zum CCC und betonte, dass der Präsident sich ihm später sicher dankbar erweisen würde. Zudem war diese Vorstellung mit der Hoffnung gepaart, dass dann der Platz des Präsidenten beim CCC für den Tronesacks Mathes frei werden würde. Denn beide Ämter würde Dumont wegen der auch im Karneval verpönten Ämterhäufung nicht wahrnehmen können. Selbst wenn er gewollt hätte, wie beide wussten.

J.R. Ewing wäre stolz auf ihn gewesen. Er hatte Mathes in seinem Sinne zum Grübeln gebracht. Der dachte jetzt, er tue nach außen alles für den Verein und seinen Präsidenten, würde das aber geheimhalten, um nicht in den Verdacht zu geraten, selbst auf den Posten des CCC-Präsidenten scharf zu sein. Schließlich gehörte es ja zum guten Ton, einen solchen Posten nie von sich aus anzustreben, sich dann aber scheinbar widerwillig nach dem Vorschlag eines vermeintlich Unauffälligen überreden zu lassen. Und natürlich ganz und gar uneigennützig dabei zu wirken. So hatte Karl Heinz am Ende dieses konspirativen Treffens alles erreicht, was er wollte: Seine Karten und das Schweigen von Mathes. Und, da er diesen ursprünglich aus der Not geborenen Gedanken einmal gefasst hatte, kam er noch auf eine weitere Idee: „Warum eigentlich gibt der Festus immer noch den Präsidenten? Eigentlich stünde mir diese Position auch gut zu Gesicht", grübelte er, grinste kurz in sich hinein, verschob dieses Gespinst aber auf Aschermittwoch. Aber spätestens dann müsste er sich dieses Themas einmal annehmen.

Bei Stefan ist die Luft raus

Stefan war zufrieden. Er hatte das nächste Testament und würde nun zügig heimfahren. Doch da gab es wieder mal ein Problem, das nicht von der Hand zu weisen war. Als die drei aus dem verrauchten Vereinsheim der Würzburger Karnevalsgesellschaft wieder an die frische unterfränkische Luft kamen, sahen sie das Unheil: Alle vier Reifen des extra vorsichtig hinter dem Haus geparkten Hummer waren luftleer. Das konnte doch nicht mit rechten Dingen zugehen! Stefan war außer sich. Wer in drei Teufels Namen hatte es auf ihn abgesehen? Kai und Frank waren irgendwie immer um ihn herum, wenn so etwas passierte. Aber die würden sich doch nicht mitten in Würzburg ein Eigentor schießen! Irgendwie musste er nun handeln. „Frank, du bist doch Profi als Taxifahrer. Hast du 'ne Idee, wie wir hier wegkommen?"

„Ja, mim Zoch!", erwiderte der Riese und lachte hämisch. „Mensch, Stefan, du Spießer, jetzt rufen wir den ADAC. Was denn sonst wohl? Die werden das richten und wir gehen wieder da rein und können uns alle einen löten. Übernachten können wir bestimmt hier nebenan in dem Hotel *Zur weißen Krone*."

Und wäre das alles nicht schon schlimm genug, fing Kai wieder an zu stammeln:

> *„Auto schief,*
> *Auto tief,*
> *Auto geht,*
> *Auto steht."*

„Ich werde wahnsinnig!", zeterte Stefan. „Wie, bitte schön? Übernachten? Wie bitte sollen wir dann bis heute Abend zurück sein? Und bitte stell einer dem Kai sein Gesabbel ab!"

Gewohnt indolent und völlig ungerührt fuhr Kai fort:

> *„Auto schief,*
> *Auto tief,*
> *Auto geht,*
> *Auto steht."*

Bin ich eigentlich nur noch von Idioten umzingelt? Das ist einfach ein Alptraum, dachte Stefan. Er war außer sich und nahm das Geschehen nun selbst auf eine sehr konsequente Art in die Hand: Er lief zurück ins Vereinsheim zu den Karnevalisten, um zu erfragen, wo hier die nächste Tankstelle aufzufinden sei, da er ein erhebliches Luftproblem zu beklagen hätte.

„Bei Luftproblemen solltest du das Rauchen drangeben", schallte es ihm bei wildestem Gelächter entgegen.

„Aber Spaß beiseite, Stefan", kam eine verbindliche Stimme von hinten, „Wo drückt der Schuh? Oder besser, der heiße Socken?"

Das Lachen begann erneut. Als sie aber Stefans ernste Miene betrachteten, kam wieder ein Hauch von Ernst auf.

„Jungs, hatte hier schon mal öfter jemand vier platte Reifen?", fragte Stefan. „Ich glaube kaum, dass das ein Zufall ist. Sieht aus", ergänzte er, „als wenn ein Spaßvogel hier die Ventile auf Durchzug gestellt hätte. Scheint zumindest kein Loch drin zu sein."

Die vier Vereinskameraden schauten sich gleichermaßen rat- wie sprachlos an, schüttelten die Köpfe und kamen nach ernsthafter Beratung zu dem Schluss, dass es so was in dieser Gegend noch nicht gegeben hatte. Zeiten waren das!

„Bitte zur Sache, Jungs! Ich weiß, das trifft euch härter als mich, dass die Kriminalität auch an eure unbescholtene Heimattüre klopft, aber bitte klärt das doch später! Ich muss hier weg, auch wenn ich natürlich gerne länger bleiben würde."

Und so fanden sie schnell die richtige Lösung: „Der Mathias Schaufelschaft führt doch eine Spedition an der nächsten Straßenecke und der wird euch mit seinem Werkstattwagen bestimmt etwas komprimierte Luft vorbeibringen können. Macht der glatt."

Na, klasse, dachte Stefan. Em Rheinland wör datt der „Schüppenstiels Matthes". Der sollte ihm helfen? Aber egal. Endlich fand er wieder einen Fingerzeig aus der fränkischen Dunkelheit gen Heimat.

Und wie in Vereinen so üblich, half man sich untereinander unbürokratisch und schnell. Der Werkstattbus der Tankwagenspedition, Inhaber Ralf Müller, mit seinen unverkennbaren vier Öltropfen auf der Schiebetür rollte schon nach fünf Minuten in den Hinterhof und versorgte die schwarzen Gummifüße des gelben Boliden mit frischer, komprimierter, unterfränkischer Luft. Und so konnten sich die drei unfreiwilligen Würzburgtouristen um ein dreifaches Helau reicher und um einen 20 Euro-Schein für die Werkstattkasse ärmer verabschieden.

So flog die Hummercrew in der freitäglichen Nacht nun mit über 200 km/h die A 3 Richtung Köln herab und Stefan fing wieder an, sich darüber zu freuen, dass das mit dem Testament doch recht gut geklappt hatte. Er hatte mal wieder Unglaubliches für den Verein geleistet. Aber ob das mit den Reifen wirklich nur ein Neider gewesen war oder jemand, der dieses Fahrzeug unter Umständen als Umweltsünde sah, konnte sich Emmerich beim besten Willen nicht erklären. Oder war da System hinter? Diese merkwürdigen Missgeschicke, die ihn seit Tagen begleiteten, konnten natürlich eine Agglomeration unglücklicher Umstände sein. Aber so viel Pech auf einmal? Und so viel Kai und Frank auf einmal? Aber: Schwamm drüber. Wacker weiter, Soldat, dachte er sich. Nach vorne schauen. Er machte sich daran, den Zettel, den er nebst Testament frisch aus Würzburg importierte, zu entschlüsseln.

Der Doc bei de Schmier

Etwa zur gleichen Zeit, zu der Stefan mit den leeren Reifen zu kämpfen hatte, betrat Marius das Kellergewölbe der Polizeiwache an der Bornheimer Straße, als ihm spontan schlecht wurde. Die Luft war nichts für ihn. Vielleicht war ihm aber auch die Aufregung auf den Magen geschlagen. Wer wusste das schon so genau? Es war ja nicht gerade neu, dass nervliche Belastungszustände zu körperlichem Unwohlsein führten. Noch bevor der Doc sich aber Fälle dieses Krankheitsbildes, die ihm während seiner Berufszeit begegnet waren, in Erinnerung rufen konnte, sah er Jupp auch schon in all dem Gewimmel an der Theke. Er hatte das Gefühl, dass der abgesonderte Schweiß der Gäste von der niedrigen Decke auf ihn hinuntertropfte, was sein körperliches Wohlbefinden nicht gerade steigerte. Und als Jupp ihm als erstes einen Kräuterschnaps reichte, um seinem aschfahlen Gesicht wieder zu etwas Farbe zu verhelfen, hoffte er nur inständig, dass die Glasöffnung zu klein war, als dass ein herabfallender Schweißtropfen diese hätte treffen können.

„Kräuterschnaps, Doc. Ganz gesund. Frischer Bärwurz. Frisch gekauft bei einem alten Kumpel aus dem Süddeutschen. Der hat es aber in sich, sage ich dir gleich."

Der Doc kippte das Kraut widerwillig runter und hatte sofort das Gefühl, als würde ihm das den Magen noch mehr zusammenziehen. „Also, Jupp. Was ist los? Ich habe Durchfahrtsgenehmigungen und Lieferscheine in deinem Wagen gefunden. Ob ich die hätte sehen dürfen oder nicht, egal. Ich weiß Bescheid. Und du weißt, dass ich es weiß. Und jetzt? Willst du mich auch umbringen wie den lieben Hans? Karl Heinz weiß schon Bescheid. Andere auch. Es wird dir daher nichts nutzen, mich auch umzubringen."

„Aber, aber. Etwas gelassener bitte. Das mit mir und Hans war etwas ganz anderes. Glaub mir einfach. Ich mag nur nicht, dass die alte Sache mit dem Schürmann-Bau rauskommt."

Ja, er hatte „war" gesagt. Das mit mir und Hans war eine andere Sache. Er hatte nicht auf den Mordvorwurf reagiert oder verwundert geguckt, stattdessen wie selbstverständlich von Hans in der Vergangenheitsform gesprochen. Er wusste also, dass Hans tot war. Woher, wenn nicht er der Giftmörder war? Ein männlicher Giftmörder. Wie feige, dachte der Doc.

Jupp fuhr fort: „Und du hast nicht mit Karl Heinz gesprochen. Da bin ich mir sicher. Du bist viel zu korrekt und zu gerecht, trotz deiner Angst, einen Verdacht gegen mich zu erheben. Zumindest, ohne vorher mit mir gesprochen zu haben. Du hast immer für jeden ein gutes Wort übrig. Ich kenne dich. Außerdem bist du viel zu ängstlich, dich wegen deiner Ideen zu blamieren, bevor sie nicht abgesichert sind."

Der Doc war ernsthaft überrascht. Marius war stets der Meinung gewesen, dass man ihm gar nicht genug Beachtung beigemessen hätte, um ihn derart genau zu charakterisieren.

„Jot, Doc. Du warst an meinem, sagen wir mal, Zweitwohnsitz am Stiftsplatz und weißt, dass da meine Penner-Kumpels von früher schlafen können, wenn sie wollen. Meine Jungs aus dem Schürmann-Bau. Diejenigen, die aus den wirklich harten Zeiten übriggeblieben sind. Und einige, die ich im Laufe der Jahre unter meine Fittiche genommen habe. Dass ich nicht nur Brezel verkaufe, sondern sie auch produziere, weißt du wohl auch. Die Küchentür war noch offen. Du magst ja gelernt haben, Türen mit einem Kleiderbügeldietrich zu öffnen, aber zum Schließen hat es wohl nicht mehr gereicht. Macht selbst ein guter Dieb ja selten. Und du müsstest mittlerweile auch kapiert haben, weshalb ich mir das Brezel-Imperium nebst Villa in Remagen habe aufbauen können. Ich erkläre es dir aber gerne trotzdem. Es ist ganz einfach: Weil ich mir eine Durchfahrtsgenehmigung zum Schürmann-Bau erschlichen habe, dank derer ich in aller Ruhe Kupfer rausschaffen konnte. Dafür habe ich ja lang genug da in einem Kellerloch gelebt. War nur dumm, dass ich den Papierkram nicht aus dem alten Wagen entfernt habe. Aber an den habe ich nicht mehr gedacht, nachdem ich auf ein anderes Gefährt umsteigen konnte, das du ja auch kennst."

Der Doc schluckte und trank, um nicht antworten zu müssen, erneut einen Bärwurz. Das half. Jupp fuhr fort: „Ich will immer noch nicht, dass das rauskommt. Die Belege sind jetzt spätestens weg, wie du dir denken kannst. Hans wusste davon. Aber der ist tot." Jetzt hatte er es ausgesprochen. Der Doc schaute sein Gegenüber aufmerksam an. Da war noch mehr als Häme. Was verbarg sich hinter Jupps Miene? War es ein selbstzufriedenes Lächeln, das aus seinen rauen und stoppeligen Barthaaren herausblitzte? Oder ein Hauch von Unsicherheit? Oder gar Reue und Verlegenheit? Bereits das dritte Mal strich sich Jupp über sein ebenfalls graues Haupthaar, welches zu einem dünnen Zopf geflochten und ebenso wie sein Bart von einem leichten Nikotin-Gelb durchzogen war.

„Mach dir keine Hoffnung", sprach er weiter, als hätte er Marius' Gedanken erkannt. „Keiner wird es mir beweisen können. Nicht nach all den Jahren. Und die, die außer dir davon wissen, haben selbst zu viel Dreck am Stecken, um ihr Schweigen zu brechen. Wohl aber könnte die Sache mit den Tantiemen rauskommen. Sogar ganz ohne mein Zutun. Denn dafür hat Hans noch gesorgt. Das mag strafrechtlich auch gegessen sein, wie die Sache mit dem Kupfer. Aber an den Tantiemen verdienen dann zweifelsfrei andere als jetzt. Also, was ich dir sagen will: Halt einfach die Klappe. Ohne, dass ich sie dir erst schließen muss. Schweigen ist Silber, Reden ist Kupfer. Das ist für alle das Beste. Du bist ja ohnehin schon angeschlagen. Und so wie du aussiehst, ziehst du die Nummer eh nicht durch."

Die letzten Worte hörte der Doc nur noch verschwommen. Ihm ging es wirklich nicht gut. Er hatte schon einen dritten und vierten Schnaps runtergekippt, ohne es richtig registriert zu haben. „Jupp, ich brauche frische Luft", keuchte er, bevor er begann, sich durch die tanzende Menge nach draußen zu kämpfen. Sauerstoff!

Er setzte sich. Er hörte schon nicht mehr, dass ihm Jupp in seiner unnachahmlichen Art, Redewendungen zu versauen, nachrief: „Schlaft zusammen und Nacht gut!"

Marius kauerte sich an eine Häuserwand in der Einfahrt und wollte nach einem Taschentuch suchen, als er mehr zufällig auf sein Handy blickte. Drei neue Textnachrichten, las er mit Mühe. Erste Nachricht von Hubertus: *Dringender Rückruf erbeten.* Zweite Nachricht von Hubertus: *Meld dich dringend.* Dritte Nachricht von Hubertus: *Er ist an Eibengift gestorben. Verabreicht mit Kräuterschnaps.* Oh wei. Auch das noch. Sein Verdacht hatte sich also bestätigt. Hans war ermordet worden. Durch Jupp, wie es aussah. Anders passte es nicht zusammen. Spontan wurde ihm noch übler, noch schwindeliger. Erst sah er alles mehrfach, dann verschwommen. Er kippte um, aus der Hocke, platsch mit dem Gesicht in Richtung Asphalt. Aus dem Augenwinkel bemerkte er noch, dass die Sicherheitskräfte aktiv wurden. Dann wurde es schwarz um ihn.

Hubertus war mittlerweile fast krank vor Sorge. Er erreichte seinen Freund nicht, obwohl er doch brandeilige Neuigkeiten für ihn hatte. In seiner Unruhe schrieb er drei SMS in der Hoffnung, dass diese Nachrichten irgendwann ihren Adressaten erreichen würden. So kannte er Marius nicht. Der ging immer ans Telefon, egal um welche Uhrzeit. Einen Toten gab es ja schließlich schon. Und der war, wie er jetzt herausbekommen hatte, keines natürlichen Todes gestorben. Die Proben, die Marius ihm gebracht hatte, bewiesen das ganz eindeutig. Und wenn Marius dem mutmaßlichen Mörder zu nahe gekommen war? Angesichts dessen dilettantischer Detektivarbeit war das zwar mehr als unwahrscheinlich, aber nicht in Gänze ausgeschlossen. Auch ein blindes Huhn findet ja bekanntermaßen mal ein fettes Korn, und wenn es drüber stolpert. Erst telefonierte Hubertus die Krankenhäuser ab. Dann versuchte er es bei der Feuerwehr und zuletzt bei der Polizei. Von einem Toten wusste zu seiner Beruhigung immerhin niemand etwas, nur von halbtoten Alkoholleichen. Und wie es schien, hatten diese ein derartig zahlreiches Auftreten, dass die Behörden mit der Logistik nicht mehr nachkamen. Zurzeit, so teilte ihm der Rettungsdienstleiter mit, würden die Einsätze nur nach dem Ort des Geschehens im System erfasst. Aufgrund der hohen Arbeitsbelastung könne eine namentliche Aufnahme der Patienten erst am nächsten Morgen erfolgen. Da kam Hubertus die zündende Idee. Dass er darauf nicht gleich gekommen war! Er und

Marius hatten zuletzt, als sich beide ein neues Handy zugelegt hatten, spaßeshalber eine Google Maps-Funktion aktiviert, mit der sie sehen konnten, wo sich der andere gerade befand. Gut, die Ortung funktionierte nicht immer haargenau. Als er neulich bei Mayen entgegen seinen sonstigen Gewohnheiten aus Zeitnot ein Mittagessen bei McDonald's zu sich genommen hatte, hatte er wenige Minuten später Marius in der Leitung, der sich köstlich darüber amüsierte, dass Hubertus sich laut Google Maps gerade im *Erotikpark Erdbeermund* aufhalten würde. Aber für eine grobe Ortung seines Handys sollte es reichen. Angeblich hatte Marius oder zumindest sein Handy sich vor etwa einer Stunde noch auf der Bornheimer Straße aufgehalten. Also gab Hubertus Gas. Er konnte an der roten Ampel stehend noch gerade sehen, wie wenige Meter vor ihm an der Polizeiwache eine ziemlich leblos wirkende Gestalt in einen Krankenwagen verfrachtet und mit lautem Getöse abtransportiert wurde. Das musste Marius sein! Wenn die so Gas gaben, konnte er ja wohl kaum schon tot sein, sagte er sich und fuhr hinterher. Er hoffte, dass er nicht zu spät gekommen war.

Ab nach Haus

Der Hummer rauschte durch die Nacht zurück in Richtung Bonn. Sie hatten zwischendurch gegen Stefans Willen eine kurze Rast gemacht und einige Stunden im Auto geschlafen.

Als Stefan am Morgen völlig verknautscht aufwachte, fuhren sie schon wieder. Er nahm den Zettel wieder auf, den er fallen gelassen hatte. Er musste doch über seine Gedanken tatsächlich eingeschlafen sein.

Da hieß es:

> *„Aus dem Krieg ist Grau in Grau*
> *ein beängstigender Bau,*
> *doch Leben sollte retten,*
> *ein Paket, wo früher Betten.*

Beton solltet ihr begehen,
von dort Samstag gar ein Zug zu sehen,
in das Dunkle brechen wie im Krieg
und vom Zuge klingt Musik."

Stefan war fasziniert von dieser Art der Schnitzeljagd. Er wollte wirklich alles für den Verein bekommen und sein Äußerstes tun, um die Tantiemen vor wem auch immer in Sicherheit zu bringen. Wo könnte die Jagd weitergehen? Wenn Frank weiter die Tachonadel über 200 hielte, hätte er nur gut zwei Stunden Zeit. Dann käme die Abfahrt Siebengebirge und die frisch aufgeblasenen Hummerreifen würden in den heimischen Radius eintauchen. An der Querverbindung über den Ölberg vorbei und dann am schönen Drachenfels Richtung B 42 zum Rhein runter.

Plötzlich kam das Fahrzeug unerwartet zum Stehen. Stefan hatte in Gedanken versunken gar nicht mitbekommen, dass der Hummer sein Recht einforderte. Sie mussten tanken. Diese rollende Schrankwand verschluckte ja Unsummen. Aber als er gerade darüber fluchen wollte, durch den unerwarteten Stopp aus seinen Gedanken gerissen worden zu sein und – noch schlimmer – wieder Zeit zu verlieren, kam ihm beim Einfüllen einer Ladung Brennstoff der Marke Super Plus an der Ausfahrt Oberhonnefeld eine zündende Idee.

Grau in Grau? Beton und Zug? Das musste der Drachenfels sein. Da gab es Betten und auch ein Schlafgemach im Schloss. Das musste der Hinweis bedeuten! Und der Zug, das war die Zahnradbahn. „Frank, fahr mich zum Drachenfels, ich hab da ein Date mit einem Eselsführer, um ein paar Schlangen zu bändigen."

Der Kutscher peitschte die Pferde an. Zwischenzeitlich war es früher Morgen geworden. Samstagmorgen. Und als die Fahrt rasanter als zuvor weiterging, ging er das Geschriebene noch mal durch. Wie passte denn Musik dazu? War er zu voreilig gewesen? Jetzt kam er aufs Neue ins Grübeln. Als hätte Kai seine Gedanken erraten, woran Stefan allerdings bei aller Ignoranz von Kai kaum glauben mochte, brummelte dieser wieder etwas vor sich hin:

> *„Zugmusik,*
> *seit dem Krieg*
> *am Samstag zieht*
> *der Mensch, der flieht."*

War das ein Wink? Lag er doch falsch? Die Musik passte nicht zum Drachenfels. Und wenn er ehrlich war, der Krieg auch nicht so recht. Stefan war leer. Erschöpft. Zu erschöpft, um noch einen klaren Gedanken fassen zu können, geschweige denn, logisch zu denken. „Man muss nicht alles wissen", kam es ihm in den Sinn. „Nur wissen, wo man es nachlesen oder bei wem man es erfragen kann." Und wer wäre in Sache Krieg ein besserer Ansprechpartner als seine Großtante, die für ihn immer wie eine Oma gewesen war. Telefonjoker Tante Erika!

Oma Erika

Erika war seine 82-jährige Großtante, die solche heimatnahen Fragen wahrscheinlich ohne nachzudenken lösen könnte. Selbst an diesem noch sehr frühen Morgen.

Gesagt, getan. Er wählte in fiebriger Erwartung mit zittrigen Händen ihre Nummer. Wie immer nahm sie sofort ab. Sie hatte schließlich nicht viel Besseres zu tun, als zu Hause auf Anrufe zu warten, seitdem sie das Haus nur noch mit dem Rollator verlassen konnte.

„Hallo, Tante Erika, ich bin's, der Stefan. Ich hab hier ein Rätsel in Reimform. Ich erklär dir alles später. Ich les es dir mal vor. Kannst du mir dazu was sagen? Es muss um einen Ort in Bonn gehen. Nur wo? Wo könnte das in Bonn sein? Also, hörst du zu?"

„Leg los, Jung!"

> *„Aus dem Krieg ist Grau in Grau*
> *ein beängstigender Bau*
> *doch Leben sollte retten."*

„Dat is ene Bunker, Jung", schallte es aus dem Hörer. „Watt denn söns?"
Na, da hatte sie wohl recht. Dass er darauf nicht selbst gekommen war!
„Aber warte mal, Tantchen, es geht ja weiter."
Um ihre Neugier im Zaum zu halten, ließ er die Zeile mit dem Paket
unterm Bett instinktiv weg und fuhr stattdessen fort:

> *„Beton solltet ihr begehen,*
> *von dort Samstag gar ein Zug zu sehen,*
> *in das Dunkle brechen wie im Krieg*
> *und vom Zuge klingt Musik."*

„Jung, wenn do nur Samsdaachs ne Zoch mit Musik is, dann es dat der
Dronsdorfer Bunker. Do jeht samsdaachs der Zoch vürbei. Du bis mir
ne Karnevalist. Dat wees mer doch! Der janze Daach dem Trömmelche
hingerher, ever net wisse, wo samstaachs der Zoch jeht!"
Jetzt war Stefan wieder auf Kurs. Tantchen sei Dank!
„Frank, vergiss das mit dem Eselstreiber vom Drachenfels. Kursände-
rung. Ich gehe noch was Karneval feiern. Ich habe gerade mit dem Sepp
von der GDKG gesprochen und der meint, ich soll einfach im Vereinsheim vorbeischauen und mir den Dransdorfer Zug ansehen. Ich denke,
das ist eine willkommene Abwechslung bei dem ganzen Chaos."
„Okay," sprach Frank. Und Stefan meinte, ein leichtes Seufzen von Kai
zu vernehmen.
„Dann", fuhr Frank fort, „fahren wir wohl am besten über Lessenich
und Messdorf, da Dransdorf bestimmt gesperrt ist."
„Aber Frank, du Karnevalsmuffel, in Lessenich und Messdorf geht doch
auch samstags der Zoch. Weeste wat? Fahr mich daheim vorbei, ich muss
ja zumindest ein Kostüm und eine Dusche über mich kommen lassen.
Dann fährst du mich schnell bis zur ehemaligen Biskuithalle und lässt
mich dort irgendwo raus. Da am Propsthof wird es schon gehen. Wo früher die Damen standen. Das ist zwar seit dem Zuzug der Telekom vorbei,
aber du dürftest die guten alten Zeiten ja noch mitbekommen haben,
Frank." Ob Rosi dort wohl auch schon gearbeitet hatte? „Dann ruf ich
Karl Heinz an und sag ihm, dass du ihm sein Auto wieder vollgetankt vor
die Tür stellst. So neigt sich unser wunderschöner Ausflug dem Ende zu."

Gesagt, getan. Stefan zauberte in seiner pfiffigen Art und Weise das alte Panzerknacker-Kostüm aus dem Schrank, um standesgemäß ein Brecheisen mit zum Zug nach Dransdorf schleppen zu können. Wie sollte er sonst ohne Schlüssel den Bunker öffnen, um Pakete, wo früher Betten in Beton waren, zu suchen?

Auf seinem Smartphone hatte Stefan zum Glück eine Taschenlampenapp installiert, so dass der Blitz seines Handys zum Dauerlicht umfunktioniert werden konnte und er für die Dunkelheit im Bunker gewappnet war.

Nachdem er sich vergewissert hatte, dass das Hauptaugenmerk der Anwesenden auf das Zuggeschehen gerichtet war, wähnte er sich in Sicherheit. Als es gerade wieder einen heftigen Paukenschlag gab, als die Hunnenhorde am Bunker vorbeizog, öffnete er mit einem heftigen Hieb die Stahltür und konnte zügig und unerkannt in das Gebäude hineinhuschen. Er lehnte die aufgebrochene Türe vorsichtig wieder gegen den ramponierten Rahmen und stellte das Brecheisen sicherheitshalber von innen dagegen. So könnte er auf jeden Fall auch wieder ausbrechen. Ihm war mulmig bei dem Gedanken daran, dass hier im Ernstfall die Menschen vor Bomben geschützt werden sollten. Es war kalt und feucht hinter den völlig nackten Betonmauern. Stefan merkte, wie ihm die Angst in die Glieder fuhr.

Er ging nun mit seinem Handy voraus durch einen kurzen Gang und leuchtete vorsichtig in jeden Raum des Bunkers. Fledermäuse hingen von den Wänden und der Decke herab. Er lief durch Spinnweben. Allerhand Getier huschte herum. Aber was konnte einen Recken wie ihn schon schrecken? Eine filmreife und beängstigende Kulisse umgab ihn. Doch siehe dort, im dritten Raum hinter einer alten Stahltüre lag in der hinteren Ecke ein weißer Schuhkarton mit der Aufschrift: „Zeigt her eure Füße". Ein kleiner Salamander verzierte ihn. Der musste schon lange hier liegen, dachte er sich. Stefan war so voller Adrenalin darüber, etwas Verbotenes zu tun, dass er die Musik des vorbeiziehenden Karnevalscorps nicht mehr registrierte, die trotz der Mauern ins Innere des Bunkers schallte. Er schnappte sich den Umschlag aus dem Karton und dachte nur: Nichts wie weg hier!

Er hastete zurück. Als er am Ende des Tunnels Licht erblickte, traute er seinen Augen nicht. Er hatte zwar die Türe zurückgestellt, aber nur so, dass man von außen nicht sehen konnte, dass sich jemand Einlass verschafft hatte. Soweit offen, dass noch Licht durchkommen konnte, sollte sie sein. Jetzt gab es zwar noch einen Hauch von Tageslicht, aber unterbrochen von einem kleinen Schatten. Ein Fahrradschloss war durch die Gitterstäbe gezogen. Und damit war das Gitter verschlossen.

Das konnte ja wohl nicht wahr sein! Ach, du heiliges Kanonenrohr! Nun war es amtlich. Irgendjemand wollte ihn fertigmachen. Noch eins von diesen Missgeschicken? An Zufall wollte er nicht mehr glauben. Hier wollte ihm einer ans Leder. Stefan stand ratlos hinter der Tür und sah gedanklich das Volk vor dem Bunker nach Kamelle schreiend dem rheinischen Frohsinn frönen. Er überlegte. Stellte fest, dass er das Brecheisen liegengelassen hatte. Aber hatte er es nicht eben neben der Tür abgestellt? Innen? Er schaute vorsichtig wie ein Strafgefangener durch die Gitterstäbe. Wieder traute er seinen Augen nicht. Das Brecheisen war da – aber draußen. Neben der Tür zur Freiheit, an den Baum gelehnt. Da wollte irgendjemand, dass er aufflöge. Im Falle eines Falles ist eine Falle alles. Viel Schlaueres fiel ihm zunächst nicht ein. Also suchte er zunächst nach einem Notausgang, während er passenderweise durch den schmalen Türschlitz noch ein zartes „Am Aschermittwoch ist alles vorbei" hörte. Natürlich fand er keinen Notausgang. Bunker dieser Zeit waren ja nicht gerade für ihre übermäßigen Eintritts- und Austrittsmöglichkeiten bekannt. Und so ging er nach diesem Misserfolg zurück und spinkste erneut durch den schmalen Schlitz hinaus. Vielleicht gab es da einen Fingerzeig der Hoffnung, einen Rettungsanker, einen Reiter auf dem weißen Pferd, eine Panzerknackerbande? Einen Hoffnungsschimmer, wie er da herauskommen sollte, ohne Aufmerksamkeit zu erregen? Und als er an Erregung dachte, fügte sich der Rest auf einmal wie von selbst zusammen.

Manchmal muss man einfach Glück haben, dachte sich Stefan, als er auf der anderen Seite der Siemensstraße Rosi im Babypuppenkostüm erblickte. Rosi war schon immer sein Schlüssel zum Glück gewesen. Eine Vertraute. Eine Liebhaberin, von der er immer geträumt hatte. Von Berufswegen her allerdings nur verschwiegen. Wie romantisch – ausgerechnet Rosi! Jetzt hatte er einen Grund, sie in Not um Hilfe zu bitten und Stefan würde ob dieser zweifelhaften Umstände sogar vom Dechant die Absolution bekommen. Er wählte ihre Nummer, erklärte nur so knapp wie möglich seine Situation und schon verabschiedete sich Rosi unauffällig von ihrer Gruppe.

Wenn sie von Notfall in der Kundschaft sprach, wagte niemand, nach den Hintergründen zu fragen. Sie blickte um sich und suchte den Anrufer, bis ein Laut aus einem kleinen Spalt in der Tür zu ihr drang. Ganz leise zischte es: „Pssssssssst, hierher. Aber unauffällig."

Sie trat auf die Tür zu.

„Hey Rosi, hier bin ich. Ich hab da ein riesengroßes Problem …"

„Das habe ich mir fast gedacht. Du sitzt eingeschlossen in einem Bunker und hast etwas zu verbergen, weil du anderenfalls bestimmt nicht mich um Hilfe gebeten hättest. Meine Verschwiegenheit ist ja bekanntermaßen käuflich. Aber so langsam interessiert ja auch mich, was ihr da am Start habt. Zwei so seltsame Begegnungen innerhalb weniger Tage? Ich bin ja viel gewohnt, aber das? In welchem Ornat darf ich heute? Dransdorf? Wegen des Lokalkolorits?", fragte Rosi, offenbar in bester Feierlaune.

„Rosi, nimm das Brecheisen und mach sofort die Tür auf."

„Na, mit dem Brecheisen mach ich es sonst nicht", höhnte es ihm entgegen.

„Dann vergiss deine Gewohnheiten." Er war am Rande der Verzweiflung. „Das steht dort drüben am Baum."

„Puh, Emmerich, du willst aber echt die harte Nummer."

Sie hatte es immer noch nicht kapiert, nahm aber das Eisen und brach endlich das Schloss auf.

Statt ihn aber hinauszulassen, ließ sie sich herein. „Also, Emmerich, wenn ich bei dir schon mit dem Brecheisen arbeiten muss, dann soll es sich doch auch lohnen", sagte sie und drückte schon ihre Lippen auf die seinen. Er wollte noch etwas erwidern, als sie loslegte. „Halt den Mund", zischte sie ihn herrisch an, „und lass dich gehen. Ich find das hier echt romantisch. Mach ich glatt umsonst. Wann kann ich schon mal die Kundschaft aus so einer Lage retten? Echt abgefahren, die Örtlichkeit. Hätte ich dir gar nicht zugetraut. Von der Querflöte bis zum Brecheisen mach ich dir hier alles. Weil Samstag ist …"

Sie kam über ihn wie eine Naturgewalt. Mächtiger und einnehmender, als er es sich je erträumt hätte. Er konnte sich nicht wehren. Er wollte sich nicht wehren. Er wollte Opfer sein. Vorsehung musste es gewesen sein. Nach den vielen Misslichkeiten und unglücklichen Zufällen mochte sich hier einmal etwas zum Guten für ihn wenden. Wenn nicht hier, wo sonst? Sicherer als hier konnte er nie mit ihr zusammen sein. Und so unschuldig in diese Lage gebracht? Wer könnte da schon widerstehen?

So ließ er geschehen, dass Rosi sehr viel Freude an seinem ureigenem Brecheisen bunkerte. Das Trommelorchester, die Mundorgel, die Querflöte, das Tambourcorps und die dicke Trumm erlebten sie, als der Zug an ihnen vorbeizog.

Kurz bevor die Straßenreinigung draußen vorbeiging, wurde ihr Ringen aber jäh unterbrochen. Plötzlich wurden sie nach der langen Zeit der Dunkelheit für einen Moment geblendet und konnten das nicht einordnen. Es war nicht der Blitz der Erleichterung. In einem Zwischenstadium von Erregtheit und der Scheue eines Fuchses bemerkte Stefan, nur am Rande, dass jemand aus dem Bunker huschte. Was war das denn schon wieder für eine Scheiße? Hörte das gar nicht mehr auf?

Stefan wollte nur noch raus und machte Anstalten, sein über den Knien hängendes Panzerknackerhöschen hochzuziehen. Bis er sah, das dem ein Hindernis entgegenstand. Jetzt war eh alles zu spät. Warum die Dinge nicht zu Ende bringen, die er angefangen hatte? Er ging zurück zu Rosi und so störten sie sich nicht am Getöse der Straßenreinigung.

Böses Erwachen

Den zweiten Tag nacheinander wachte der Doc auf und fragte sich, ob er alles nur geträumt hätte. Aber diesmal brauchte er nicht erst die Augen aufzumachen, um zu wissen, dass er die jüngsten Ereignisse tatsächlich erlebt hatte. Er spürte direkt die Kanüle in seinem Arm, die ihm sagte, dass er zumindest unter ärztlicher Überwachung stand. Spürte das ungewohnte Bett und wusste: Ich bin im Krankenhaus. Und in seinem Schrecken durchfuhr ihn der Gedanke, in welchem er wohl gelandet war. In dem, gegen das er neulich noch als Gutachter hatte aussagen müssen? In dem mit den katastrophalen hygienischen Zuständen oder in dem, wo zu den katastrophalen hygienischen Zuständen auch noch die mangelhaften pflegerischen Zustände hinzutraten? War auch egal. Schließlich beliefen sich seine Erfahrungen ja nur auf seinen medizinischen Fachbereich. Die anderen Abteilungen konnten ja überall in Ordnung sein. „Für jeden ein gutes Wort", hallte es in seinen Ohren. Oder nicht? Hatte Jupp das nicht gesagt? Gesagt, dass Hans nur das eine Problem gewesen wäre. War er knapp einem Mordanschlag entgangen? Die Übelkeit, der Kräuterschnaps, die Eiben … Er schlug die Augen auf. Bevor er seine Gedanken der Frage zuwenden wollte, ob er in diesem Krankenhaus optimal versorgt würde, musste er erstmal die Todesgefahr von außen bannen. Wenn Jupp versucht hatte, ihn umzubringen, würde ihm das bei einem erneuten Versuch sicher eher gelingen als jedem unbegabten Arzt im Praktikum, der über diese Tage Dienst schieben würde.

Er musste die Polizei rufen. Von seinem Verdacht berichten, dass man ihn vergiftet hatte. Man musste sofort Spuren sichern, um das Eibengift bei Hans nachzuweisen. Erzählen, dass Hans daran gestorben war. Sie auf den Leichnam ansetzen, damit dieser ordnungsgemäß obduziert werden könnte. Und daher war er glücklich, sein Handy neben sich zu finden. Er rief zielsicher die Kripo an. Den Schürmann-Bau würde er auslassen. Wenn es hierüber noch etwas zu erfahren gäbe, würden sie von allein darauf stoßen. Und diesmal würde ihm sein Kumpel Blau von der Regionalstreife West wohl leider nicht weiterhelfen können. Da mussten jetzt andere Kaliber ran.

Willis Traum – leerer Kühlraum

Willi war nach der Aktion mit Hans mehr als geschafft. Trotzdem dachte er noch daran, auch die weiteren Spuren in Hans' Haus zu beseitigen, und räumte den Kühlkeller wieder säuberlich ein. Er verabreichte Josi noch eine Portion Johanniskraut zur Beruhigung nebst einem Schlafmittel und legte sich dann neben sie, um ebenfalls ein wenig Ruhe zu bekommen. Er schlief tief und fest, bis er von einem aufdringlichen Klingeln geweckt wurde. Es war schon Nachmittag, doch es kam ihm vor, als wäre es noch mitten in der Nacht. Josi schlief nach wie vor. Das war wohl auch das Beste. Als er sich zur Tür gekämpft hatte, stand da zu seiner Überraschung auch Kai. Selbst den hatte das nervige Klingeln aus den Federn gerissen. Sie warfen sich gegenseitig verwunderte Blicke zu, weil keiner den anderen hier erwartet hatte, und öffneten die Tür.

„Kriminalpolizei, Heuser mein Name. Das ist mein Kollege Mohr. Dürfen wir kurz eintreten?"

„Ja, gern. Es ist doch nichts passiert?"

„Wir hoffen nicht. Müssen da nur einem Verdacht nachgehen. Herr Dahm? Sie sind der Hausherr?"

„Nein, ich bin nicht Hans. Den hat es erwischt", antwortete Willi ungeschickt und versuchte, mit seinem nächsten Satz zu retten, was zu retten war. Er bemühte sich, seine Mundart nicht allzu offensichtlich werden zu lassen. Klang dann vielleicht doch klüger und seriöser gegenüber den Schutzmännern. „Also, ich meine, Sie wissen schon. Zu tief ins Glas geguckt, und in Nachbars Garten gegrast. Kommt in den besten Familien vor. Gerade an Karneval. Gab da etwas häusliche Missstimmung, wie Sie sich denken können. Drum bin ich hier und habe mich ein wenig um Josi, also Frau Dahm, gekümmert. Sie schläft aber noch. Ach so, Schudeck mein Name. Willi Schudeck. Und das hier ist der Sohn des Hauses, Kai Dahm."

„Herr Dahm, Herr Schudeck, dürfen wir kurz Ihren Kühlkeller besichtigen und mit der Dame des Hauses sprechen? Dann sind wir hoffentlich schnell wieder weg."

„Und darf ich, wenn ich auch nicht der Hausherr bin, um eine kurze

Erklärung bitten?"

„Nun ja", antwortete Heuser, „wir haben da von einem Ihrer Vereinskameraden etwas Abenteuerliches gehört. Dass Hans Dahm Opfer eines Gewaltverbrechens geworden sei. Dem müssen wir nachgehen. Angeblich liegt der tot und vergiftet in seinem Kühlkeller."

Da hatte der überkorrekte Doc doch tatsächlich seine Kameraden verraten und die Polizei alarmiert. Nur gut, dass er vorgesorgt hatte, dachte Willi, fluchte aber dennoch wegen dieses Verrates in sich hinein.

„Das ist ja absurd! Aber wenn Sie meinen, führe ich Sie natürlich gerne in den Kühlraum." Dabei fing er kurz den ratsuchenden Blick von Kai auf, der wie immer hohl daneben stand und diesmal zum Glück noch keinen Ton gesagt hatte. „Da ist der Hans sicher nicht. Ganz sicher nicht. Schon gar nicht tot."

Während er diese Worte langsam und überdeutlich sprach, nahm Willi erneut Augenkontakt zu Kai auf und hoffte nur, dass dieser den Wink mit dem Zaunpfahl verstanden hatte.

„Wir gehen dann mal in den Kühlraum", gab Kommissar Heuser das Kommando. „Und Sie, Herr Mohr, unterhalten sich in der Zwischenzeit mal kurz mit Kai. Das ist doch in Ordnung, Herr Dahm?"

Kai sagte wie gewöhnlich nichts, nickte aber immerhin kurz und ging vor in Richtung Wohnzimmer.

Als sie die Treppe wieder emporkamen, war Kommissar Heuser schon sichtlich beruhigt. Keine Leiche, nur Bier im Keller. Das fing gut an. Willi war aber noch immer in Schweiß gebadet, diesmal nicht von der körperlichen Anstrengung wie eben noch bei der Entsorgung von Hans, sondern aus lauter Panik. Hatte Kai den Mund gehalten? Das würde er ja gleich wissen, denn der Kommissar kam sofort zur Sache: „Und, Mohr? Ich habe keine Leiche. Und Sie? Was rausbekommen?"

„Nein, habe ich nicht."

„Haben Sie sich schon mit Herrn Dahm unterhalten?"

„Ja schon, aber …" Ein leichtes Räuspern entwich Kommissar Mohr. „Versuchen Sie es doch selbst mal, Chef."

Mit einer Mimik, die nichts anderes sagte als: „Alles muss ich selber machen", wandte sich Heuser nunmehr selbst an Kai. „Und, Herr Dahm,

was haben Sie dazu zu sagen?"
Und Kai antwortete:

> *„Bonna immer lieb,*
> *Bonna weiche Haut,*
> *Bonna war ganz warm,*
> *Bonna meine Braut."*

Der Kommissar riss verwirrt die Augen auf. Was war das denn? Schon wieder so ein Durchgeknallter! Hatten sie heute wieder Irrentiefflug? Mohr lehnte sich entspannt zurück, ebenfalls mit geübter Mimik, die nichts anderes aussagte als: „Auch der Chef kann nicht alles besser, wenn er es auch nicht wissen will", und sagte sachlicher, als er beabsichtigt hatte: „Na, dann bin ich ja beruhigt. Mehr habe ich aus ihm auch nicht herausbekommen."

Willi fiel ein ganzer Steinbruch vom Herzen, dass Kai seiner Linie treu geblieben war. „Er ist etwas …", Willi zögerte, wollte er Kai doch zu Beginn ihres neuen Familienlebens zu dritt nicht gleich brüskieren, „… eigen."

„Das mag wohl sein. Können wir dennoch kurz mit Frau Dahm sprechen?", setzte Heuser wieder an.

„Ich weiß nicht, ob das klappt. Sie ist etwas neben sich. War was viel gestern", antwortete Willi noch, als Josi plötzlich auf der Treppe stand. Kreidebleich, wackelig auf den Beinen und am ganzen Leib zitternd stand sie auf einmal da. Und dennoch so schön wie immer, dachte Willi. „Die Herren, ich habe schon mitbekommen, was Sie möchten. Hans soll doch zur Hölle fahren. Aber ich glaube, das ist keine Angelegenheit, um die Sie sich kümmern müssten. Wenn er weg ist, ist er eben weg. Ich wäre Ihnen dankbar, wenn Sie uns jetzt nicht weiter behelligen würden. Das, was hier zu klären ist, wird familienintern geklärt und ist ganz sicher kein Fall für Sie."

„Gut, Frau Dahm, dann scheint ja alles in bester Ordnung. Zumindest für uns. Entschuldigen Sie bitte die Störung. Wir mussten dem aber nachgehen. Ein Anfangsverdacht scheint mir hier aber nicht vorzuliegen. Wir vergessen das alles am besten. Seien Sie beruhigt. Einen Einsatzbericht wird es auch nicht geben. Alles Gute noch! Und nochmals: Nichts für ungut", verabschiedeten sie sich und wurden bis auf Weiteres nicht mehr gesehen.

Willi wischte sich die Schweißperlen von der Stirn. Was für ein Glück! Oder vielmehr Folge seines vorsorglichen Handelns, wie er sich mit einer gehörigen Portion Selbstlob zugestand. Aber würden Kai und Josi noch ein weiteres Verhör aushalten? Oder irgendwann dem Druck nicht mehr standhalten? Das konnte er nicht riskieren. Er fasste einen spontanen Entschluss. „Josi, Kai. Wir machen einen Ausflug. Wir drei ganz allein."

Er hatte ein Ferienhaus in der Eifel, der ehemalige Sitz eines Försters in der Nähe von Heimerzheim. Kein Festnetz, kein Handy-Netz, keine Nachbarn. Ideal. Josi, bei der die Schlaf- und Beruhigungsmittel wieder Wirkung zeigten, legte er auf die Rückbank von Hans' Auto. Die Schlüssel hingen wie immer am Brett. Und um Kai stillzuhalten, stellte er jetzt freiwillig die Heavy Metal-Musik ein. „Fear of the dark" schallte aus den Lautsprechern. Und so fuhren sie in die Eifel. Alles wird gut, dachte Willi. Keine Angst. Ich bin bei euch und für euch da …"

***

Die Kommissare Heuser und Mohr guckten sich etwas hilflos an, nachdem sie das Haus verlassen hatten und schon wieder beim Auto standen.

„Schon etwas strange, oder?", meinte Mohr. „Der ist ja unheimlich, der Kai. Und Josi sah auch mehr wie ein Schreckgespenst aus. Das kann ja wohl kaum von einer Allerwelts-Rüsselseuche gekommen sein."

„Mag ja sein. Aber der Herr Demeter machte mir auch keinen ganz klaren Eindruck. Seltsame Geschichte. Waren bei dem wohl zu viel Klare! Hier mag ja vieles querlaufen, aber zu tun haben wir hier nichts. Zum Glück. Feierabend. Will noch nach Dransdorf. Irgendwann muss ja auch mal gut sein mit Arbeit."

Derart beruhigt gingen sie in den wohlverdienten Feierabend.

Die Polizei kam, sah – und Marius verlor. Nachdem er zwei nur mittelmäßig ambitionierten Beamten am Krankenbett die ganze Geschichte erzählt hatte, hatten die Kommissare Heuser und Mohr versprochen, der Sache nachzugehen. Und taten, wenn auch widerwillig, ihren Job. Leider ohne ersichtlichen Erfolg. Als sie Stunden später zurückriefen, war die Sache für sie nämlich schon wieder zu Ende: Hans' Leiche war nicht im Kühlkeller. Stefan Emmerich war nicht zu finden, sein Handy ohne Empfang. Josi stand unter starken Beruhigungsmitteln, wünschte Hans zur Hölle und meldete ihn – jedenfalls im polizeilichen Sinne – nicht als vermisst. Karl Heinz hatten sie auch angerufen. Der wusste von nichts. Kai hatten sie nach dem ersten Eindruck von ihm, da er nur irgendetwas Gereimtes von Bonnas geschwafelt hatte, nicht weiter verhört und Willi machte auf unwissend, was man ihm sofort glaubte. Dass niemand wusste, wo Hans abgeblieben war, störte niemanden. Wenn sich seine Frau hierüber schon keine Gedanken machte, dann die Polizei erst recht nicht. Wenn man an Karneval auch noch verschüttgegangene Ehemänner suchen müsste, käme man ja schließlich zu nichts anderem mehr.

Und als wäre das nicht alles schon Unbill genug, stellte sich die vermutete Vergiftung des Docs als eine Agglomeration von nervösem Magen, Kräuterschnaps und Aufregung heraus, die ohne Weiteres auch einer hypochondrischen Veranlagung hätte zugeschrieben werden können. Er, der Doc, war der Trottel. Er war – zumindest vorläufig – am Ende. Aber zum Glück nicht auch tot. Das hätte ihm wirklich den Rest gegeben.

Ein bisschen viel Kai

Karl Heinz war erneut mit sich und der Welt zufrieden, nachdem er die Angelegenheit mit dem Trohnesacks Mathes so geschmeidig hatte klären können. Die Karten waren schon auf dem Weg nach Düsseldorf. Das einzige, was ihm ein wenig die Stimmung verhagelt hatte, war der Anruf von Stefan gestern, der seinen Hummer wollte. Nicht, dass Karl Heinz ihn selbst gebraucht hätte, stand der doch zurzeit ungenutzt auf seinem Schrottplatz herum. Aber den Wagen ausgerechnet für eine Spritztour nach Würzburg auszuleihen, mit Frank am Steuer und Kai auf dem Beifahrersitz, trübte seine gute Laune. Schon wieder Kai, schon wieder Frank, ging es ihm durch den Kopf. Als hätten die die letzte Nacht nicht schon genug Spaß auf seine Kosten gehabt! Erst die Nummer mit der Rosi, dann das Essen im *Edelweiß* und jetzt der Hummer. Das war der Hammer! Und als Stefan auf der Rückfahrt ein weiteres Mal bei ihm anrief, um von seinen Fortschritten zu berichten, wurde Karl Heinz endgültig stutzig. Laut Stefan hatte Kai ganz normal geredet. Zwar mit Frank, aber immerhin. Das erste Mal normal geredet, seitdem er ihn kannte. Das waren locker 20 Jahre.

Was lag da noch im Dunkeln? Wenn er ehrlich war, kannte er Kai nur von früher richtig, als er noch zur Grundschule gegangen war. Damals hatte er nicht gesprochen, weder mit Lehrern noch mit Schülern. Nicht einmal zu einem „Danke" war er in der Lage, wenn er beim Metzger eine Scheibe Fleischwurst geschenkt bekam. Deswegen hatten sie alle Abstand zu ihm gehalten. Und Josi und Hans hatten das natürlich mitbekommen und sich zusammen mit Kai kaum noch in die Öffentlichkeit begeben. Später hatten sie Kai in irgendeinem Internat untergebracht. Für „spezielle" Kinder. Irgendwo einige Kilometer den Rhein aufwärts. Wenn er genauer darüber nachdachte, wusste er, abgesehen von einigen schweigsamen Begegnungen, nichts von Kais Werdegang. Woher wollte er wissen, dass Kai sich zwischenzeitlich nicht geändert hatte? Dass seine unheimliche Schweigsamkeit nicht nur eine vorübergehende Erscheinung gewesen war? Was Josi und Hans aber nicht mitgeteilt hatten. Warum auch? Allen war es ja schließlich lieber gewesen, dieses Thema auszulassen und Kais Schweigen mit Schweigen zu begegnen. Als er darüber nachdachte, kam ihm ein Fall aus seinem entfernten Bekanntenkreis in den Sinn. Das Kind seiner Bekannten hatte auch kaum gesprochen, nur mit den Eltern, wenn sonst niemand dabei war. Die Eltern hatten einen Psychologen nach dem anderen aufgesucht. Ohne Erfolg. Diagnose: Selektiver Mutismus. Nach ein paar Jahren würde das aufhören, so die Spezialisten, und das von selbst. Und bei dem Kind seiner Bekannten war diese merkwürdige Schweigsamkeit nach fünf Jahren genauso plötzlich verschwunden, wie sie aufgetreten war. Vielleicht war das bei Kai ja auch so? Was war, wenn er ihnen allen nur den Dummen vorspielte? Immer hatte er Vorteile aus ihrem Dilemma gezogen. Das konnte doch kein Zufall sein! Wahrscheinlich war das jetzt egal, aber neugierig war er schon geworden. Vielleicht würde er in Josis Wohnung etwas dazu finden. Der Biwak musste ohne ihn stattfinden. Erneut trat er in die Pedale.

Wer einmal trinkt, dem glaubt man nicht

Der Doc war verzweifelt und seine Stimmung nicht gerade davon erhellt, dass neben ihm im Krankenzimmer eine türkische Klein-familie eingezogen war: der Kranke, dessen Vater und Mutter, die beiden Brüder nebst Ehefrauen, die Ehefrau des Kranken nebst den drei Sprösslingen und, nicht zu vergessen, die Großmutter. Es wurde geredet, gelacht, gegessen, mit nicht wenig Knoblauch und Fisch, was seinen angeschlagenen Magen nicht gerade zu Freudensprüngen an-imierte. Der Kranke nebenan kam ihm irgendwie bekannt vor. Den hatte er doch schon mal in der Innenstadt mit einem Schild gesehen, auf dem stand: „Ich habe Hunger." Oder täuschte er sich da? Zustände waren das hier! Aber immerhin besser, sich ein paar Tage im Kranken-haus vom Pflegepersonal und der Familie durchfüttern lassen, als bei der Kälte da draußen betteln zu müssen. Aber jetzt war es vor allem Marius, der Hilfe brauchte. Er musste hier weg. Auch wenn die Polizei nicht davon überzeugt war, dass Jupp ihm an den Kragen wollte, Marius war es nach wie vor. Seine Frau konnte er nicht anrufen, die war auf Verwandtenbesuch im Schwarzwald wie jedes Jahr an Karneval. Seine übrigen Freunde wären um diese Zeit beim Zug in Dransdorf. Und die Vereinskollegen brauchte er wohl nicht anzurufen. Blieb Hubertus.

Der würde ihm wenigstens glauben, hatte er doch selbst die Analyse gemacht. Die beiden Polizisten hatten auch schon mit ihm telefoniert, sagten sie. Doch trotz dessen Reputation war die Polizei nicht von einem Verbrechen zu überzeugen gewesen. Wie auch – ohne Leiche? Und die Proben, die Marius Hubertus übergeben hatte, hätten ja von sonstwoher kommen können. Wer einen Giftanschlag vermutete, der sich dann als Stressreaktion herausstellte, dem traute man offensichtlich so einiges an Phantasie zu. Zu allem Überfluss hatte man ihm nicht einmal den Magen ausgepumpt, so dass man auch nicht über seinen Mageninhalt Spuren des Giftes hätte nachweisen können. Zeitgleich mit ihm waren deutlich schwerwiegendere Fälle von Alkoholmissbrauch eingeliefert worden, so dass man Marius, der keine so gravierenden Ausfälle zu beklagen hatte wie die große Schar von durch Alkopops gebeutelten Teenagern, zugetraut hatte, es auch so zu schaffen. Was zu seiner bescheidenen Freude ja auch zugetroffen hatte. Also trotzdem: Hubertus. Er griff zum Handy. „Hubertus? Ich brauche dich noch mal."

„Marius, wäre ich der, der ich bin, wüsste ich das nicht längst?"

Als Marius aufblickte, stand Hubertus mit dem Handy in der Hand vor seinem Krankenbett.

***

Am Samstag blieb auch der Ehrenplatz von Karl Heinz bei der Sparkasse in Dransdorf leer. Stattdessen war er in Hans' Arbeitszimmer. Ordentlich war er ja gewesen, der Hans. Einen Ordner fand er da. Kai! Zeugnisse, Lebenslauf, Bewerbung für einen Studienplatz. Das gab es doch nicht! Kai hatte allen Ernstes einen 1,6er-Abiturdurchschnitt und stand auf der Liste der Stipendiaten der Konrad-Adenauer-Stiftung. Das konnte ja wohl nicht wahr sein! Der war schlauer als sie alle zusammen. Damit war das Thema, dass Willi der Vater hätte sein können, dann wohl auch vom Tisch. Denn für seinen hohen IQ war der jedenfalls nicht bekannt. Und da er schon mal dabei war, Familiengeheimnisse aufzudecken, machte er auch vor dem Ordner mit den Versicherungen nicht Halt. Nach kurzer Durchsicht sah er schnell, dass das, was Stefan erzählt hatte, absoluter Blödsinn war. Ja, es gab eine kleine Versicherung, die keine drei Jahre alt war. Aber es gab auch eine ganze Menge davon für Josi und Kai. Unabhängig vom Zeitpunkt des Abschlusses war es bei diesen Versicherungen egal, wie Hans ums Leben gekommen war. Sie waren auf jeden Fall abgesichert. Und das mehr als gut. Das gäbe natürlich beiden ein Motiv. Hatte der Doc etwa doch Recht?

Echte Fründe stonn zesamme

Hubertus, so kompliziert er auch war, war ein wahrer Freund. Kein Facebook-Freund, kein Saufkumpan, ein Freund fürs Leben. Obwohl sie sich normalerweise nicht allzu häufig trafen, stimmte die Chemie zwischen ihnen bei ihren Begegnungen immer. Nie eine Sekunde der Verlegenheit, der unangenehmen Schweigsamkeit. Mit ihm war auch Schweigen schön. Von wem konnte er das, mit Ausnahme seiner Frau, schon behaupten?

Früher, während des Studiums, hatten sie natürlich unendlich viel Zeit miteinander verbracht. Die Tage über gelernt, im Seminar gebüffelt, auf Medizinerfeten die Mädels angemacht, die Nächte gefeiert, Studentenpartys organisiert und Wahlkämpfe an der Uni gegen die Linken geführt und stets verloren. Diesen Zeitvorsprung, um einander kennenzulernen, konnte man bei anderen neben Arbeit und Familie kaum mehr aufholen. Klar hatte es auch nach dem Studium mit anderen „Bekannten" Umstände gegeben, die zusammenschweißten. Aber irgendwie stand immer noch eine unsichtbare Schweißnaht zwischen ihnen, während diese bei Hubertus und ihm schon überwachsen war und sogar schon Patina bildete. Eigentlich war Marius in seinem Leben auf nicht allzu viel wirklich stolz. Natürlich hatte er eine intakte Familie, einen ordentlichen Job und ein gewisses Ansehen. Das alles bedeutete ihm auch etwas. Aber eigentlich war ihm nichts anderes vorgelebt worden. Bei seinen Eltern war es ebenso gewesen. Daher schien ihm das selbstverständlich. Nur das eine, so schien es ihm jetzt, hatte er im Gegensatz zu seinen Eltern geschafft: Freundschaften zu schließen und zu bewahren. Viele Bekannte seiner Eltern aus dieser Generation konnten das nicht über sich sagen. Sie hatten nicht das Privileg gehabt, durch Schule und Abitur Jahr um Jahr an der Seite eines Freundes gelebt zu haben. Da stand die nackte Arbeit im Vordergrund. Und heute, als die Kinder aus dem Haus waren und die Rente sicher, blickte man zurück und sah auf einen Überfluss an Bekannten und einen Mangel an Freundschaften, so dass am Ende eines Lebensweges die Familie der echte wahrhaft erworbene Wert menschlichen Miteinanders war. Als hätte Hubertus geahnt, welche Gedanken ihn beschäftigten oder vielleicht sogar gesehen, dass Marius bald die Tränen der Rührung in die Augen schießen würden, eröffnete er das Gespräch mit der ihm eigenen unsentimentalen Art, um Gefühlswallungen gar nicht erst aufkommen zu lassen. Zu fühlen war das eine, es sich anmerken zu lassen für Hubertus etwas anderes. „Mein Lieber, du musst dich gar nicht erst bedanken. So lieben mich Millionen. Ich zieh dich schon raus aus dem Schlamassel. Habe dir ja gleich gesagt: Schuster, bleib bei deinen Leisten! Das ist eine Nummer zu groß für dich. Aber dazu später. Hier versteht man ja sein eigenes Wort nicht", sprach er und warf der Kleinfamilie einen strafenden Blick zu. „Habe schon alles mit dem Stationsarzt geklärt. Du hast dich im Krankenwagen fürstlich übergeben und dann eine Kochsalzlösung mit MCP erhalten. Die meinen, du kannst raus. Und wenn ich mir die Farbe deiner Lippen anschaue, denke ich auch nicht, dass man dich vergiftet hat. Die sehen normal aus, abgesehen von den multiplen Prellungen und Hämatomen rundum jedenfalls. Aber die kommen vom Sturz. Erstmal weg hier. Weg vom Bosporus. Ich habe dir was zum Anziehen mitgebracht. Dachte mir schon, dass deine Garderobe etwas gelitten hat, nachdem ich mit der Polizei gesprochen habe. Also: Packen wir es an! Wäre doch gelacht, wenn wir das Ding unter meiner Anleitung nicht geschaukelt bekämen. Wir fangen damit an, dass wir alles der Reihe nach noch mal durchgehen, und das am besten am Ort des Geschehens. Wir fahren zu Josi und gehen die ganze Szenerie systematisch durch. Endlich mal wieder ein Mord mit allem Zip und Zap", schloss er und rieb sich in froher Erwartung die Hände. „Und das ganz ohne meine Kollegen von der Polizei. Das wird ein Spaß."

Der Groschen fällt in Pfennigen

Karl Heinz zitterte vor Wut. Die haben uns verarscht, dachte er sich. Ganz böse verarscht. Und woher sollte er auch wissen, dass es nicht am Ende auch Kai war, der übermorgen mit Pit zusammen am Kölner Rosenmontagszug vergnügt auf der WDR-Bühne sitzen und sich einen Ast ablachen würde? Wundern würde ihn jetzt nichts mehr. Allein bei der Vorstellung, wie er sich hatte abrackern müssen, um an die Karten zu kommen, würden sie sich wahrscheinlich wegwerfen vor Lachen. Da hast du dich ja prima vor den Karren spannen lassen, dachte er sich, als er unten im Haus Geräusche hörte.

***

Jupp ging erneut ans Telefon. „Ja, ist er weg? Na prima. Läuft ja bestens. Was mit dem los war gestern Abend? Schon lustig, was ein bisschen Schnaps so anrichten kann." Jupp grinste süffisant. „Mach's gut, Mehmet. Gruß an die Familie. Und bis dann!" Da war doch jetzt glatt das nächste Späßle fällig, da das letzte so gut geklappt hatte. Das war mal ein Klopferschenkel.

***

Als Marius sein „Erdbeerkörbchen" in der Altstadt wiederfand, strahlte es ihn rötlich vertraut an. Zunächst jedenfalls. Denn als er gerade eingestiegen war und sich auf den Fahrersitz setzte, warf er einen flüchtigen Blick auf den Beifahrersitz. Normalerweise war das Auto seiner Frau säuberlich aufgeräumt. Sie achteten beide pingelig darauf, dass keine Gläser, Leergut oder Kaugummipapierchen da herumflogen. Aber jetzt lag da etwas, in unangenehmem Braun und mit kurzem wulstigem Hals. Und lieblich verziert von einem kleinen bayrischen Rautenmuster. Ihm wurde spontan wieder schlecht. Da nutzte auch die Jahresdosis an Paspertin nichts, die sie ihm im Krankenhaus gegen seine Übelkeit verabreicht hatten.

Da lag friedlich schlummernd eine Flasche Bärwurz mit zwei Gläsern, wie er sie in Hans' Spülmaschine gesehen hatte. Seltsam. Aber vielleicht war der IKEA-Schick ja selbst in eher fein ausgestatteten Haushalten wie dem von Hans und Josi verbreiteter, als er angenommen hatte.

Wenn er heute etwas ganz sicher nicht mehr gebrauchen konnte, so wäre das ein Kräuterschnaps. Und zu allem Überfluss entdeckte er am Hals der Flasche auch noch einen Zettel. Und sein Bedarf an mysteriösen Zetteln war mindestens ebenso gering wie der an Alkoholika aller Art. Er öffnete die Flasche natürlich nicht, fühlte sich aber, als würde er einen Flaschengeist da herauslassen, als er zumindest den Zettel in die Hand nahm und widerwillig las. Da stand zwar nicht viel, aber das, was da stand, tat auch so seine Wirkung. Seine Hände fingen gleich wieder an zu zittern.

Wohl bekomms, Herr Doktor. J.D.

Mehr stand da nicht. Genügte aber für eine erschreckende, aber leider logische Schlussfolgerung. Jupp drohte ihm. Er war tatsächlich immer noch nicht sicher. Aber jetzt reichte es ihm. Er wollte sich nicht noch einmal so ins Boxhorn jagen lassen wie gestern. Also hieß es, die Flucht nach vorne anzutreten und dem Schicksal die Stirn zu bieten. Wenn es hoffentlich auch nur das Schicksal war, das ihn herausforderte, und keiner von Jupps mörderischen Plänen. Also unterdrückte er erstaunlich souverän seine aufkommende Panik. Es war wohl die pure Frackigkeit, die ihn das schaffen ließ. Und er wollte jetzt Gas geben gen Josi. Augen zu und durch. Seine Stimmung war komplett umgeschwungen, als er auf das Gaspedal trat und dem „Erdbeerkörbchen" die Sporen geben wollte. Aber statt energisch dem Ziel entgegenzufahren, geschah etwas völlig Unerwartetes: Sein sonst so treues „Erdbeerkörbchen" versagte ihm den Dienst. Don Quichotte auf einem lahmen Gaul, ging es ihm durch den Kopf, als der Motor blubbernd ausging. Verflucht noch mal! Was war das denn schon wieder? Er ging ums Auto und sah das Übel. Eine Banane im Auspuff. Verdammt, Jupp. Damit hältst du mich nicht auf. Jetzt erst recht, dachte er sich, ließ Erdbeerkörbchen Erdbeerkörbchen sein und stieg zu Hubertus ins Auto. Gott sei Dank hatte er jetzt ja Hilfe.

Eine Brezel vor dem Scheidebecher

Wie immer lag der Schlüssel zum Hause Dahm unter der Fußmatte. Nicht originell, aber ein Segen für Hubertus und Marius. Sie wollten sich leise und nach Möglichkeit unbemerkt einschleichen. Da Hans' Auto nicht mehr vor der Tür stand, wähnten sie sich sicher. Nur das Fahrrad des Nachbarn stand unabgeschlossen an dessen Zaun. Und da Hans ja unmöglich gefahren sein konnte, musste Josi damit unterwegs sein. Welch ein Glück. Also würden sie Zeit haben. Sie gingen ins Wohnzimmer und wollten versuchen, das Geschehen zu rekonstruieren.

„Marius, wo war Hans, als ihr gekommen seid?"

„Schon oben im Bett."

„Und was hat Josi dazu gesagt, wie sie ihn hochbekommen hat?"

„Na, eigentlich hat sie dazu gar nichts gesagt. Sie sagte nur, er hätte sich an der Heizung erhängt. Wir haben ihn uns kurz oben angesehen, einige Momente fassungslos dort gestanden, um uns dann mit der Endgültigkeit seines Todes abzufinden. Und wenigstens ein paar Minuten durch Schweigen Respekt zu zeigen. Dann sind wir einigermaßen geschockt auf Drängen von Josi auch schon nach unten gegangen. Sie hat sich nicht lange mit Beileidsbekundungen aufhalten wollen und uns stattdessen sofort den Zettel mit der komischen Botschaft neben dem Pajass gezeigt. Dann gab es Kaffee."

„Erinnere dich! Was war da in der Küche? Stand da Geschirr? War etwas umgefallen? Gab es da Kräuterschnaps?"

„Mann, Hubertus, ich habe kein fotografisches Gedächtnis. Schon gar nicht in so einer Situation."

„Marius, jede Kleinigkeit kann wichtig sein. Das kann sich alles so nicht abgespielt haben. Wenn Jupp ihn tatsächlich vergiftet hat: Wieso dann die Würgemale? Der Leichnam ist ja leider weg, insofern wird die Polizei wohl Recht haben. Ich glaube kaum, dass Hans wieder in den Keller zurückgekehrt ist. So umtriebige Leichen sind doch eher selten. Und da wir beide leider des Leichnams verlustig gegangen sind, kann jetzt natürlich auch keiner von uns wissen, ob die Würgemale postum eingetreten sind oder Hans vielleicht schon vorher eine Rangelei hatte, bei der man ihn gewürgt hat."

„Aber Jupp wusste, dass Hans tot ist. Das hat er mir auf den Kopf zugesagt und dabei nicht mal Reue gezeigt. Er wusste es. Ich hatte eher das Gefühl, meine Angst würde ihn sogar belustigen. Dazu passt auch der Scherz mit der Flasche Bärwurz. Die kann ja nur von ihm stammen, genauso wie die Banane. Der lacht sich gerade kaputt. Kann nur ein Psychopath sein. Aber du hast in einem Recht: An der Sache stimmt was nicht. Erst vergiften und dann erhängen wäre etwas zu viel des Guten", meinte Marius.

„Ob Hans tatsächlich an dem Gift gestorben ist oder er nur versehentlich eine Überdosis genommen hat, kann ich mit letzter Sicherheit ohne Obduktion natürlich nicht sagen. Aber wer schluckt schon ohne Todesabsicht so ein Kraut? Macht den Kräuterschnaps auch nicht wirklich erträglicher. Vielleicht hat er ja noch gelebt, als ein zweiter Unbekannter kam und Jupp schon weg war. Der hat die Gunst der Stunde genutzt, wollte nicht abwarten und hat ihm dann an der Heizung den Rest gegeben. Ziemlich miese Tour, nebenbei bemerkt."

„Aber wer? Josi? Kai? Josi kann ihn jedenfalls nicht nach oben getragen haben. Das steht fest. Entweder hat Kai ihr geholfen oder er hat das allein erledigt. Dann hätte sie Kai die gleiche Geschichte verkaufen müssen wie euch. Oder Kai ihr? Entweder waren sie es gemeinsam, oder Kai allein."

„Marius, lass uns was trinken! Selbst ich kann so nicht denken", unterbrach ihn Hubertus.

Marius kannte sich ja aus, ging zur Spülmaschine und entnahm ihr zwei Gläser. Plötzlich hielt er inne. „Hubertus, da fällt mir etwas ein. Als ich hier die Spuren gesichert habe, ist mir etwas aufgefallen: In der Maschine waren nur zwei Gläser. Aber sie war fertig gespült. Hörst du: Einen Waschgang nur für zwei Gläser! Das macht selbst meine Frau nicht, obwohl sie die Maschine alles andere als ökonomisch befüllt. Hier haben zwei den Scheidebecher getrunken und irgendwer hat dann die Spuren vernichtet. Gläser weg, Gift weg, Kräuterschnaps weg. Und eine Brezel hat da auch noch gelegen. Da bin ich sicher."

Tantiemenklärung

Nachdenklich standen sie da. Und so in Gedanken versunken, erschraken sie sich beide fast zu Tode, als sie aus dem Flur ein energisches Räuspern hörten.

„Na, der Verräter kehrt an den Ort des Geschehens zurück und macht einen auf Ermittler." Die Stimme kam von Karl Heinz, der hinter ihnen in der Tür zum Flur stand. Wo kam der denn auf einmal her? Sie hatten kein Geräusch vom Schloss vernommen. Er war offenbar schon im Haus gewesen, als sie herkamen. Und hatte sich nach ihrem Eintreffen so still verhalten, dass er hier sicherlich nichts Gutes im Schilde geführt hatte.

Nachdem Marius sich von dem Schock schnell erholt hatte, antwortete er sachlich, aber mit scharfem Unterton in der Stimme: „Dir auch einen schönen Tag, Karl Heinz. Immer noch auf der Jagd nach den Tantiemen? Oder gibt es noch anderes Aas, worüber du dich hermachen könntest?"

„Und du, Marius? Willst du immer noch mal eben kurz die Welt retten? Ich habe echt einen Höllentag hinter mir. Und die zwei davor waren auch nicht gerade zum Totlachen. Und damit bin ich nicht allein, Willi und Stefan sind auch hin. Also, verschone mich bitte mit deinem moralischen Gewäsch. Hinterher können wir von mir aus eine Ethik-Kommission über die Verwahrung von Toten oder ein Vermögen von Tantiemen einberufen. Aber nicht jetzt. Wir haben hier anderes zu erledigen. Bitte, Marius, lass uns zusammenarbeiten. Für den Moment jedenfalls!"

Aus irgendeiner Eingebung heraus war Karl Heinz wohl klar geworden, dass er mit seinem Begrüßungstext nicht gerade eine Einladung zu konstruktiver Zusammenarbeit ausgesprochen hatte. Da war sein Temperament offenbar wieder einmal mit ihm durchgegangen. In Notfällen konnte er sein im Alltag eher trampeliges Auftreten durch staatsmännische Souveränität ersetzen. Und das hier war ein Notfall, zumal ihm seine anderen Untergebenen abhandengekommen waren. Von Willi wusste er gar nicht, wo er abgeblieben war, nachdem er ihm gestern von Stefans Reise nach Würzburg erzählt hatte. Und Stefan war seit Stunden nicht zu erreichen. Und um allem noch die Krone aufzusetzen, waren

Kai, Josi, Frank, Hans' Auto und, was viel schlimmer war, der Hummer verschwunden. Ihm blieb daher gar keine andere Wahl, als Marius zu vertrauen, auch, wenn ihm das gehörig gegen den Strich ging. Nachdem er seinen Worten einige Sekunden bedeutungsvollen Schweigens hatte folgen lassen, wendete er sich Hubertus zu, den er bis dahin nur aus Erzählungen gekannt hatte. Es konnte nach den Schilderungen von Marius aber nur sein alter Kommilitone sein. Wen hätte er sonst ins Vertrauen gezogen? Und wer würde außer ihm an einem Karnevalssamstag mit einem eleganten Zweireiher und Krawattentuch herumlaufen, an dem ein kleiner, aber dem Kenner auf den ersten Blick auffallender Anstecker mit dem kleinen „l" des Lions-Clubs befestigt war?

„Ich nehme an, Sie sind Hubertus?"

Karl Heinz erntete ein stummes Nicken des Zweireihers.

„Habe die Ehre. Dürfen auch wir zum *Du* übergehen?"

Wieder bekam er nur ein stummes Nicken zur Antwort. Aber dann meldete sich Hubertus doch zu Wort: „Karl Heinz. Ich kenne euch doch alle, irgendwie. Und sei es nur über Berichte von Marius. Ich gehöre dazu, ob du willst oder nicht. Ich kann im Gegensatz zu Marius nicht gerade sagen, dass ich euch abgöttisch liebe, aber dazu gehört wohl bei euch das ein oder andere Bier. Und Karneval ist nicht so meine wirkliche Leidenschaft. Ich bin mehr der Beobachter aus zweiter Reihe. Glaub mir, Karl Heinz, ich kenne euch mehr als euch lieb ist. So gut, dass ich auch mit dem Du ausnahmsweise kein Problem habe."

Karl Heinz wandte sich jetzt wieder an Marius: „Ich darf also davon ausgehen, dass du wieder mitmachst? Wenn auch zu anderen Bedingungen als gestern?"

Marius nickte stumm. Schweigen war eben manches Mal doch Gold.

„Also, Marius", arbeitete der Kommandant seine Frageliste ab. „Bist du dem Täter auf der Spur?"

Seine Antwort traf Karl Heinz völlig unerwartet: „Was interessiert dich das? Dir ist es doch gerade scheißegal, was hier los war, solange nur die Kasse stimmt."

Sein Schrotthändler-Dackelblick und das freundschaftliche Getue mit Hubertus hatte offenbar nicht die erhoffte Wirkung bei Marius hinterlassen. Er musste nachlegen: „Doc, glaub mir, auch ich hab mir schon meine Gedanken gemacht. Hier stimmt einiges nicht, und über die Jagd nach den Tantiemen haben wir vieles übersehen. Ich habe mehr und mehr den Eindruck, dass wir ganz gehörig an der Nase herumgeführt werden. Lass uns den Zwist von neulich vergessen. Du willst Hans' Tod aufklären und ich natürlich immer noch die Tantiemen retten. Aber alles hängt irgendwie zusammen. Lass uns zusammenwerfen, was wir herausbekommen haben und ich verspreche dir, ich tu das meine, um alles rund um Hans' Tod aufzuklären."

„Wenn du das wirklich ernst meinst, mache ich mit. Ansonsten kommen wir alle nie aus diesem Schlamassel raus. Was willst du wissen?"

Auf diese Frage hatte Karl Heinz gewartet. „Fangen wir mal damit an: Wo zum Teufel ist der eigentlich abgeblieben, der Hans? Als die Polizei kam, war er weg. Er wird wohl kaum weggelaufen sein."

Karl Heinz staunte zwar nicht schlecht, als er von den Ermittlungserfolgen des Doc hörte. Doch auf Markus' Bericht darüber, dass Jupp zu Geld gekommen war, eine Villa in Remagen besaß und Kupfer aus dem Schürmann-Bau verkauft hatte, reagierte er nur mit einem beifälligen „Hm."

„Karl Heinz! Bist du nicht ebenso platt wie ich, dass der Jupp uns über all die Jahre so hinters Licht geführt hat?"

„Nein, nicht im Geringsten", lautete die nüchterne Antwort.

„Wusstest du etwa davon? Mir hat er gesagt, das dürfe auf keinen Fall rauskommen. Dieses Geheimnis hätten nur er und Hans geteilt."

„Das stimmt so nicht ganz", entgegnete Karl Heinz bedächtig, während er einen weiteren Zug aus seiner Pfeife nahm.

„Weißt du etwas, was wir nicht wissen?"

„Oh, Doc. Ist der Groschen immer noch nicht gefallen? Du bist aber schwer von Begriff. Du weißt doch, womit ich mein Geld verdiene. Ich schaffe in Sachen Schrott. Ich habe dem Jupp das Kupfer abgekauft. Der musste die heiße Ware doch irgendwie loswerden. Wie soll das denn sonst gegangen sein? Eine Hand wäscht die andere."

„Und beide werden schmutzig", vervollständigte Hubertus das alte, aber immer noch treffende Adenauer-Zitat.

Mord und Ruhm

„Was glaubt du, warum ich nun gar kein schlechtes Gewissen habe mit dieser Tantiemen-Sache? Klar, ich habe gewisse Sympathien für, sagen wir mal, wirtschaftliche Vorteile aller Art. Aber Jupp bescheißen wir letztlich nicht. Nicht mehr – finanziell betrachtet jedenfalls, allenfalls in seinen sentimentalen Befindlichkeiten, was sein Lied anging. Aber ist es denn wirklich so schlimm, wenn nicht sein Name auf der Plattenhülle steht? Er hat das Kupfer an den Mann bekommen, wir dafür die Tantiemen. Vereinsinterne Schadenskompensation nenne ich das. Und das wusste auch unser Hans. Deswegen habe ich auch gar kein Verständnis dafür, dass die olle Tantiemen-Sache uns jetzt nach all den Jahren noch um die Ohren fliegt. Wenn mir eines zuwider ist, dann dieses Gutmenschentum, das ging mir bei Hans schon seit Jahren auf die Nerven. Und als du jetzt auch den Übermoralisten gegeben hast, ist mir schlicht die Hutschnur gerissen."

Der Doc und Hubertus saßen mit offenen Mündern da. Marius wusste gar nicht mehr, ob er Karl Heinz wirklich noch einen Vorwurf machen konnte. Andererseits hatte er gestern ja begriffen, dass dieses Lied für Jupp nicht nur ein Lied war. Hier wurde mit zweierlei Maß gemessen. Für Karl Heinz war alles gut, was Geld brachte. Für Jupp hingegen wäre Geld egal gewesen, hätte er nur den Erfolg seines Liedes als Komponist genießen können. Ihm wäre es egal gewesen, ob er dafür Tantiemen bekommen hätte. Hauptsache, es wäre gespielt worden, und das natürlich in seinem Namen. Und jetzt verstand Marius auch, warum er den Obdachlosen Asyl gewährte: Nicht nur, um Dankbarkeit für frühere Jahre zu zeigen, sondern, um Menschen einen Hauch von Glück zu bescheren. Wie man sie auch erleben konnte, wenn man sich mit Leidenschaft dem Genuss einer guten Brezel hingab oder dem musikalischen Genuss eines tollen Stücks. Aber Karl Heinz hatte wegen seiner monetären Einstellung keine Ahnung davon, dass Geld eben für andere nicht alles bedeutete. Er hatte auch nicht den Hauch eines Unrechtsbewusstseins. Konnte man ihm das wirklich übel nehmen? Er kannte es ja nicht anders.

Jetzt fand Hubertus wieder zu Wort. „Wenn das so ist, wie du es uns hier erzählst, heißt das aber eines: Jupp hätte dann ja gar kein Motiv. Warum sollte er Hans denn noch umbringen? Wir sind wieder ganz am Anfang. Wenn Jupp da raus ist, bleiben uns nur noch zwei andere Verdächtige, und die sehe ich hier nicht."

„Stimmt. Wo sind die eigentlich alle hin?", bemerkte Marius.

„Das letzte", rückte Karl Heinz mit der Sprache raus, „was ich von Kai weiß, ist, dass er mit Stefan und Frank mit meinem Hummer in Würzburg war. Die müssen irgendwann diese Nacht wieder hier gewesen sein. Als ich jedenfalls heute hier ankam, war schon niemand mehr hier. Hans' Wagen ist weg und mein Hummer auch. Von Frank keine Spur. Die Taxizentrale vermisst ihn auch. Stefan meldet sich nicht. Er wollte wegen der letzten Meldung aus Würzburg in den Bunker nach Dransdorf. Ich habe aber seit Stunden nichts von ihm gehört. Und wo Willi hin ist? Ich denke, bei Josi. Der wittert sicher seine Chance. Würde mich nicht wundern, wenn er den armen Hans irgendwo entsorgt hätte."

Und so saßen sie da und ließen das Gesprochene wirken. Zusammen ratlos.

Frank gefordert

Sogar Frank war kaputt. Er hatte Stefan und Kai zuhause abgeliefert und musste nun ausnahmsweise ein paar Stunden schlafen. Den Hummer nahm er mit. Karl Heinz würde ihn eh nicht brauchen und Stefan war ja jetzt wieder anders beschäftigt. Die letzten Stunden hatten ihn schwer mitgenommen. Das alles zehrte mehr an ihm, als er und Hans sich das ursprünglich vorgestellt hatten. Als er das Startsignal von Hans bekommen hatte, war das für ihn etwas überraschend gewesen. Sie hatten alles für ein wenig später geplant. Frank hatte aber immer auf Abruf bereitgestanden für die Durchführung ihres Plans. Es hatte ja alles ganz lustig angefangen, eben plangemäß. Erst hatte er den Pajass geklaut, als Hans I. und Hans II. in der Hofburg lustig plaudernd beieinander gesessen hatten. Dann hatte er Hans den Zweiten nach Düsseldorf in Pits Wohnzimmer verfrachtet, um dann pünktlich zum Semifinale bei Josi einzulaufen. Bis dahin hatte alles ganz hervorragend funktioniert. Auch danach hatte eigentlich alles gut geklappt. Selbst die zweite Tour nach Düsseldorf. Pit hatte sogar schon die Karten für Rosenmontag. Wie blöd würden Willi und Stefan jetzt wohl gucken, wenn sie wüssten, dass der Prinz, abgesehen von Alt-Bier, nur ein paar kleinere Mengen an Beruhigungstropfen bekommen hatte? Was glaubten die denn? Dass es Pillen gäbe, die einen auf Knopfdruck wieder stocknüchtern machten, wenn man mal gerade zu sehr einen über den Durst getrunken hatte? Das Rezept würde jeden, der es erfunden hatte, reich machen. Zu blöd, diese Karnevalisten! Es war so verdammt einfach gewesen. Einmal Übergeben, und schon war es wieder gut mit Hans dem Zweiten. Und er hatte Stefan mit Kai zu dessen großem Vergnügen sogar nach Würzburg fahren können. Es hatte ihn bei seinen Kollegen ein paar Euro gekostet, dass er lange genug auf Platz eins der Schlange hatte warten dürfen, bis Stefan in sein Taxi stieg. Dass der Geizkragen auf sein Angebot eingehen würde, hatte Hans im Vorfeld richtig erkannt und auch gewusst, dass Stefan über Karneval kein Auto hatte. Nur was bei Hans Tod schiefgegangen war, wusste er noch nicht. Das hatten sie doch anders geplant. Er war nachhaltig beunruhigt und fand keinen Schlaf. Seine Gedanken schlugen Purzelbäume. Er musste zu Kai. Klären, was da mit Hans schiefgegangen war. Jetzt und sofort. Die Gelegenheit hatten sie bisher nicht gehabt. Nur bei der Szene mit Rosi waren sie unter sich gewesen. Und da hatten sie anderes zu tun gehabt.

Er fuhr zu Hans' und Josis Haus. Sein schlechtes Gefühl würde ihn garantiert wieder eine Nacht kosten. Aber darauf konnte es jetzt auch nicht mehr ankommen.

Als er vor Dahms Hauseinfahrt ankam, sah er gerade noch, wie Willi Josi, offenbar leblos, auf dem Rücksitz verstaute. Und Kai, wie dieser brav einstieg. Der Trottel. Musste das sein? Er musste hinterher. So unauffällig, wie es ihm mit einem Hummer eben möglich war.

Kein Zweifel: Eifel

Als sie im Forsthaus angekommen waren, mischte Willi Josi nochmals einen Cocktail aus Johanniskraut und Schlaftabletten. Kai hatte er mit 12 Burgern von McDonald's mit einer ähnlich beruhigenden Mixtur und einer Flasche Grappa ruhiggestellt. Na, das lief doch ganz gut. Er würde sie natürlich erst langsam an sich heranführen. Auch nur langsam Josi seine nach wie vor ungebrochene Liebe gestehen, sich zu seiner Vaterschaft bekennen und mit ihnen ein neues Leben anfangen. Aber dafür brauchte es Zeit.

Das Haus war lange nicht mehr bewohnt und beheizt gewesen, so dass er sich zunächst aufmachte, um im Dorf nebenan, nur für die ersten Tage, einige Kanister zu besorgen, und außerdem, wenn er denn schon dabei war, noch ein wenig Benzin für den Stromgenerator. Strom aus der Leitung gab es hier nicht. Und wenn er mit Kai und Josi nicht den erwünschten Erfolg haben würde, so dachte er sich, wäre das dennoch keine Fehlinvestition. Wenn Josi nicht ohne Hans weiterleben könnte, würde er ihr und Kai das Leben durch ihren Tod erleichtern. Immerhin war er bei ihr. Und wenn sie trotz Willis Nähe nicht zu ihrem rechten Glück finden würde, so fänden sie zusammen dennoch ein glückliches Ende. Er hatte den Doppelselbstmord Liebender immer noch als das romantischste und konsequenteste Ende einer unglücklichen Beziehung empfunden. Als er das aber auf die konkrete Situation anwenden wollte, übersah er den entscheidenden Umstand, dass ein Selbstmord auch ein „Selbst" beinhaltete. Und außerdem, dass zwingender Bestandteil eines Doppelselbstmordes „Liebender" mindestens zwei Liebende waren. Aber er wollte nicht, dass sich seine Josi darüber Gedanken machen musste, ob ihr Leben ohne Hans noch lebenswert wäre. Auch diese schwere Entscheidung würde er seiner Josi abnehmen.

***

Sie waren offenbar am Ziel, dachte Frank, denn Willi war auf einen Feldweg abgebogen. Sackgasse. Das hatte sein Gutes. So würde er wenigstens nicht zur anderen Seite hinausfahren können. Frank musste also nur das Auto unterbringen, um sich zu Fuß heranzupirschen. So jedenfalls der Plan. Er hatte gerade den Hummer auf einer Lichtung abgestellt, als er hinter sich den Wagen von Hans vorbeifahren sah. Willi war also weg. Sein Glück. Trotzdem wagte er es nicht, mit dem Auto vorzufahren und die beiden einfach einzuladen. Willi war ihm an Stärke zwar deutlich unterlegen. Wenn er aber an eine Konfrontation dachte, so würde es ihm schwerfallen, zum einen Josi zu tragen und zum anderen Willi abzuwehren. Er konnte schließlich jeden Moment zurückkommen. Also legte er sich auf die Kuhwiese gegenüber und beobachtete zunächst das Haus. Keine Bewegung. Nichts. Das bestärkte ihn in seinem unguten Gefühl, dass Josi immer noch jenseits von Gut und Böse war. Und Willi auch Kai irgendwie ausgeschaltet hatte. Und dieses Gefühl wurde nicht besser, als er Willi mit diversen Kanistern beladen heimkehren sah.

Liebe ist stärker als der Tod

„Hans?", hörte Willi eine zarte Stimme neben sich. „Hans, wie schön, dich zu fühlen. Ich habe etwas Schreckliches geträumt." Sie schmiegte sich an ihn. Oh, wie er das genoss. Zärtlich wandte sie ihm ihr Anlitz zu. Konnte er küssen wie Hans? Sicher besser. Er empfing den Kuss und gab ihn liebevoll zurück. Nur küssen, das reichte schon. Sie nur einmal so zu küssen, wie sie Hans geküsst hatte, dachte er. Doch sein Körper verriet ihm, dass er mehr wollte. Er konnte nicht anders. „Halt mich fest. Ja, ganz fest!", seufzte sie. Und er kam dem nach. Umschloss sie fester, als sie es gewohnt war. Willi hoffte inständig, sie würde ihren Irrtum nicht bemerken, war er doch deutlich fülliger als Hans. Aber das war ja, wie er sich dachte, nicht immer von Nachteil, bot er doch im Gegensatz zu den dünnen Hänflingen wie Hans reichlich an erotischer Nutzzone.

„Hans, heute anders. Weißt du doch!"

Willi wusste es nicht. Er hatte sich zwar immer vorgestellt, wie die beiden es taten. Immer gelitten, wenn er sah, wie sie sich geküsst hatten. Dann konnte man sich den Rest denken. Jetzt aber hatte er das Gefühl, dass sie noch zerbrechlicher war, als er es in Erinnerung hatte. Sie trug nur ein weites Oberhemd aus Hans' Schrank, das er ihr übergeworfen hatte. Ihre Brüste schmiegten sich erwartungsvoll an ihn. Ihr Unterkörper begann zu vibrieren. Ganz leicht erst. Dabei kam sie immer näher. Noch näher. An die gefährliche Zone.

„Hans, bleib für immer bei mir! Du bist immer noch der Eine. Ich liebe dich. Ich habe so schrecklich geträumt."

Erneut suchten ihre Lippen die seinen. Erneut küssten sie sich. So hatte sie ihn nie geküsst, als er für sie noch Willi gewesen war. Segensreiche Erfindung, diese Drogen, dachte er.

„Ach, Schatz, was hast du für Männer gehabt. Bin ich da wirklich der EINE? Immer noch, nach all den Jahren?", entfuhr es ihm leise. Er musste sein Glück versuchen – jetzt, in dieser stillen Stunde, wo sie ihm ausgeliefert war. Wann jemals würde sie ehrlicher mit ihm sprechen? „Und wenn ich weg wäre? Wer wäre dann der Mann an deiner Seite?"

„Der Stuhl bliebe leer. Lass uns nicht über so etwas Schreckliches nachdenken! Küss mich. Küss mich, als gäbe es kein Morgen." Das gab es wirklich nicht. Nicht mehr mit Hans jedenfalls. Aber eine Sache war nun sicher: Sie hatte ihn nicht umgebracht. Willi verstand das erst jetzt. Sie liebte nur Hans. All die Träume über ein Leben mit Josi, die bei Willi seit Hans' Tod wieder aufgelebt waren – umsonst. Was hätte er noch für eine Zukunft? Was hätte Josi noch für eine, ohne Hans? Oder Kai, der ja ohnehin nichts vom Leben zu erwarten hatte, wie es schien? Wäre es dann nicht nur konsequent, allem ein Ende zu bereiten?

„Schatz, gleich. Ich komme wieder", sagte er zu der schon wieder träumenden Josi und ging hinunter. Zu den Kanistern.

***

„Es bleibt nur Willi übrig", resümierte Hubertus. „Stefan ist ja beschäftigt. Wenn der sich mal in seiner Terrierart in etwas festgebissen
hat, stören den selbst so Nebensächlichkeiten wie Leichen nicht. Scheu-
klappen auf und los geht's. Es kann nur Willi gewesen sein. Jupp kocht
da irgendein anderes Süppchen. Der war damit beschäftigt, unserem
Freund Marius eins auszuwischen."

„Willi muss immer noch denken, Kai oder Josi wären es gewesen", ergänzte der Doc. „Er will Josi schützen. Was muss der sich gedacht haben, als die Polizei kam? Es ist schon fast ein Wunder, dass Josi offenbar
nicht mit der Wahrheit herausgekommen ist und Kai auch stillgehalten
hat. Wenn man die aber einmal in die Mangel nehmen würde, wäre es
vorbei mit dem Geheimnis. Karl Heinz, du kennst ihn besser. Wo kann
er sein?"

„Willi hat da mal ein Haus geerbt. In der Eifel. Recht einsam."

„Findest du das?", fragte Marius.

„Es ist etwas abgelegen. Als ich die letzten Jahre zu diversen Familien-
festen da war, hatte er den Weg dahin immer mit Luftballons abgesteckt.
Das wird er heute wohl kaum getan haben. Aber so groß ist die Eifel nun
auch wieder nicht. Ungefähr bekomme ich das noch hin. Wir haben ja
schließlich nichts zu verlieren …"

Und so machte sich das dritte Auto in Richtung Eifel auf. Sicherlich
ein Jahresrekord für die Eifeler, wenn nicht gerade ein Rennen angesagt
war. Nur war das hier ein ganz anderes Rennen als das, was die Eifeler
bisher kannten.

***

Willi arbeitete säuberlich und gründlich. Kai schlief, Josi auch, Sie
würden nichts merken. Nur er. Aber das nahm er auf sich. Er öffnete die
Kanister und legte eine Spur. Erst den Holzscheit, dann den Sprit. Stück
für Stück um das Haus herum.

Rettung durch den Zaun gebrochen

Frank konnte gerade noch beobachten, wie Willi heraustrat und säuberlich einige Holzscheite um das Haus legte. Es war fast schon dunkel. Verdammt, der wird doch wohl nicht alles anzünden! Angstvoll blickte er auf sein Handy. Kein Empfang. Er lief los, so schnell er nur konnte. Und das war nicht sehr schnell bei all seiner Körperfülle. Aber immerhin, die Stacheldrahtzäune auf der Kuhwiese gaben nach.

Willi hatte gerade das Streichholz angezündet, als ihn ein Schlag im Nacken traf und er sofort zu Boden ging. Frank konnte gerade noch rechtzeitig das brennende Streichholz in Willis Hand ausdrücken, bevor die von Benzin getränkte Erde zu einem flammenden Inferno würde. Aufgrund dieses akrobatischen Hochseilaktes war er etwas aus dem Gleichgewicht geraten – wenn 180 Kilo mal in Bewegung geraten waren, waren sie trotz Stacheldrahtzäunen nur schwer zu bremsen. Das war knapp. Sehr knapp. Und wie fast jeder in dieser Geschichte brach jetzt Frank zur Abwechslung mal zusammen – direkt auf Willi.

Fleisch und Blut

Als Karl Heinz, Hubertus und der Doc nach diversen Versuchen, das richtige Grundstück zu finden, endlich in bekannte Gefilde vorgestoßen waren, bot sich ihnen ein Bild des Schreckens. Als sie endlich am Ziel angekommen waren, sahen sie den Fleischberg von Frank auf Willi liegend. Das vermuteten sie aber nur. Denn unter dem aus zahlreichen Wunden blutenden Frank sahen sie nur noch Willis Stiefel hervorblicken. Der war wohl immer noch in Uniform. Es hatte ja schon gereicht, dass sie von einigen boshaften und offensichtlich unterernährten Dorfkötern vom Grundstück gejagt worden waren, wenn Karl Heinz mal wieder gemeint hatte, jetzt „wirklich" den richtigen Weg gefunden zu haben.

Karl Heinz und Marius stürmten sofort los und trommelten auf Frank ein, während Hubertus seinen Verstand bemühte und überlegte, wie er den gewaltigen Mann mit mechanischer Hilfe von dem anderen herunterhebeln könnte. Er griff sich einen Baumstamm und wollte diesen gerade ansetzen, als Frank selbst seine Schwungmasse von Willi herunterwälzte.

Willi lebte. Franks Fettmassen hatten sich um ihn gelegt und so gut verteilt, dass Willi noch das zum Überleben erforderliche Mindestmaß an Atmungsaktivität geblieben war. Er richtete sich auf und schnappte nach Luft. Wiederbelebung überflüssig, dachte Hubertus.

„Das ist ganz anders, als ihr denkt." Mit dieser abgedroschenen Phrase begann jetzt Frank zu sprechen, ebenfalls außer Atem: „Ich habe denen hier gerade den Arsch gerettet. Ich habe dem Wahnsinnigen gerade noch die Fackel aus der Hand geschlagen, sonst wäre die ganze Bude schon in die Luft gegangen. Kommt nur ja nicht auf die Idee, euch eine anzuzünden. Sonst brennt nicht nur der Baum. Seid mir lieber dankbar, statt auf mich einzudreschen."

„Mir reicht es jetzt. Hier wird jetzt Tacheles geredet!", schrie Karl Heinz, selbst außer Atem. „Alle ins Wohnzimmer. Willi, sieh zu, wie du Josi herschaffst, du, Frank, wie du Kai zu uns bekommst."

Zu Hubertus' großer Überraschung hatte Karl Heinz mehr an natürlicher Autorität, als er ihm zugetraut hätte. Sie spurten aufs Wort. Auch Frank.

Karl Heinz ging zum Auto zurück, fuhr so lange, bis sein Handy hier auf dem Dorf irgendwo Empfang hatte und zitierte schneidig Stefan her. Dieser keuchte, dass er das nächste Testament gefunden hätte.

Im Gesprächskreis

Jetzt war Frank nicht mehr kaputt, sondern hatte Adrenalin pur im Blut. Um sein Temperament wieder auf ein erträgliches Maß herunterzufahren, musste er erstmal Aggressionen abbauen. Und so kam ihm der Befehl, Kai wieder fit zu bekommen, gerade recht. Er kühlte sein Mütchen, indem er Kai – diesmal sein willkommenes Opfer – eine kleine Erfrischung zuteilwerden ließ, und zog ihn kurzerhand durch die eisige Regenwasserbütt vor der Tür. Hier gab es ja nicht mal eine Dusche. Und selbst wenn, hätte er in seinem Gemütszustand die rustikalere Variante vorgezogen. Als Kai nach mehrmaligem Auf- und Eintunken endlich so aussah, als ob er wieder bei Verstand sei, begrüßte er seinen frisch erfrischten Freund mit einem freudestrahlendem „Hallo! Wach?"

„Ja, Frank, danke. Was soll das? Hol mich hier raus."

Frank packte sich Kai mit der gleichen Geschmeidigkeit, mit der Obelix einen Hinkelstein werfen konnte, und zog ihn spielerisch aus der eisigen Brühe.

„Danke, Frank. Was war das denn? Warum sitze ich in dieser Tonne und warum stinkt es hier so verdammt nach Benzin? Und als Philosoph wollte ich mich ganz sicher nicht tarnen!"

Ohne den letzten Halbsatz verstanden zu haben, antwortete Frank: „Du weißt doch, ich hann Benzin im Blut. Den Rest klär'n mer gleich. Jetzt legen wir dich erstmal trocken."

Und Frank rubbelte Kai – für seine Verhältnisse liebevoll, wenn auch nicht gerade zimperlich – die Nässe vom Leib.

Nachdem auch Josi aus ihrem Delirium erwacht war, rückte Stefan schon an – zu seinem großen Unmut mit dem kostspieligen Taxi. Josi war schläfrig und matt, aber bei Verstand. Und so trafen sie sich, die lustige Weiberfastnachtsrunde, diesmal ohne Hans, stattdessen mit Hubertus. Sie hatten sich getraut, den Kamin anzuzünden und ja dank Willis Vorarbeit genug benzingetränkte Scheite um sich herum gefunden. Nur jetzt, da er in die Runde blickte, konnte Karl Heinz sich angesichts der müden Gestalten um ihn kaum vorstellen, dass dieser Horror für sie erst vor so Kurzem begonnen hatte. Diese zwei Tage waren mindestens so langsam vergangen wie sonst die Fastenzeit. Sie fühlten sich fast wie beim Federnrupfen. Allein Kai wirkte noch leicht vergnügt und ansatzweise frisch, was er wohl seinem jugendlichen Alter zu verdanken hatte. Und Franks Vollbad.

„Also, was ist das alles hier für eine riesengroße Scheiße?", eröffnete der Kommandant das Gespräch. Alle sahen sich fragend an.

„Karl Heinz, wenn ich mal übernehmen dürfte?", riss Hubertus das Wort höflich, aber bestimmt an sich. „Ich bin da doch eher vom Fach, wenn ich das mal so sagen darf." Karl Heinz lehnte sich zurück und war insgeheim einmal froh, die Verantwortung zumindest kurzzeitig in Hubertus' Hände legen zu können. Hubertus war ob des geringen Widerstandes überrascht, gewann aber immer mehr an Achtung gegenüber Karl Heinz. Selbst diese Führungskraft erkannte es eben, dass ein anderer, natürlich Hubertus, kompetenter war. Das schätzte er an Menschen: die eigenen Grenzen kennen.

„Wir decken das jetzt auf, wo wir alle hier so schön und gemütlich beieinander sitzen. Also fassen wir zusammen: Was wir bis jetzt wissen, ist, dass Hans nicht allein gestorben ist. Jupp war zumindest am Tatort. Wie soll er sonst von Hans' Tod gewusst haben? Das hat er Marius auf den Kopf zugesagt."

Marius nickte stumm.

„Das stimmt", bestätigte Josi sofort aufgeregt. „Er hat ihn doch nach Hause gebracht. Hast du mir doch am Telefon erzählt, Willi. Weißt du, als ich euch zu Hilfe gerufen habe. Jupp war es. Er muss es gewesen sein! Das passt."

„Nicht so voreilig, Josi!", tadelte Hubertus. „Lasst uns bitte bei dem bleiben, was wir sicher wissen. Nächster Punkt: Die Leiche kann nicht allein nach oben gekommen sein. Und Josi, du hast das allein nicht geschafft mit deinen geschätzten 50 Kilo. Da könntest du noch so viel zu *Miss Sporty* gegangen sein." Er wandte sich an Kai und sah ihm direkt in die Augen: „Du bist nicht blöd. Wir wissen von deiner Krankheit von früher, deinem Mutismus. Versteck dich nicht dahinter. Wir kennen deinen Werdegang. Also hör auf, in Reimen zu schwafeln. Du kannst mit uns reden. Musst mit uns reden. Wenn nicht mit uns, dann mit der Polizei. Das dürfte dann deutlich ungeschmeidiger abgehen. Und, sieh es mir nach, zieh endlich diese lächerlichen weißen Kontaktlinsen aus! Läufst du so eigentlich immer rum oder nur, wenn du auf die Karnevalsfreunde deines Vaters triffst? Da gruselt es ja sogar Edgar Wallace."

Überrascht blickten alle – außer Josi – auf Kai. Bis auf Hubertus hatte offenbar nie jemand so genau hingesehen, sondern beim ersten Blick in Kais unheimliche Augen verschämt weggeschaut, dachte Marius. Kais Blick hatte ja schließlich so gut zu seinem angenommenen Schwachsinn gepasst. Oh Gott, wie oberflächlich waren sie doch alle gewesen, schalt sich Marius. Kai genoss das Szenario sichtlich, nahm in aller Ruhe die Kontaktlinsen heraus und entgegnete mit einem Schmunzeln: „Na, ich hatte die halt mal ausprobieren wollen. Zunächst nur an Karneval. Aber als mir das depperte Aussehen jeder zugetraut hat, hatte ich doch meine hämische Freude daran. Wenn alle einen eh für schwachsinnig halten, macht es das auch nicht schlimmer. Und die Leute redeten so ungeniert in meiner Gegenwart. Das hat schon Spaß gemacht. Wenn man weiß, dass man kein Trottel ist, kann man gut mal dafür gehalten werden." Er unterdrückte ein Lachen und wirkte jetzt sogar sympathisch, als die Farbe der Augen seiner Mutter endlich einmal in strahlendem Blau ans Tageslicht kam. „Wenn ihr wüsstest, was ich so alles mitbekommen habe! Ich könnte da Sachen erzählen!"

„Genug, Kai, danke", unterbrach ihn Hubertus. „Ich glaube, du bist schon mehr als genug auf deine Kosten gekommen. Aber nun zu dir, Frank: Du hast mitgeholfen. Wie sollte das anders passen? Du bist zu gut mit Kai befreundet und warst mir ein wenig zu viel dabei, als ob das nur Zufall sein könnte. Wobei genau, weiß ich noch nicht."

„Ja, das habe ich mir auch gedacht. Die ganze Zeit schon", mischte sich Stefan jetzt ein. Zu seiner großen Enttäuschung war ja schließlich das wichtigste Thema, nämlich die Testamente, noch gar nicht zur Sprache gekommen. „Erst weiß der, wo wir Hans den Zweiten finden. Dann darf er Hummer fahren, dem dann auf wundersame Weise die Luft aus den Reifen geht. Vorher war er per Zufall der erste am Taxistand. Und zum Schluss …" Stefan kam ins Stocken, wollte er doch nicht zu viel von der Bunkerszene berichten. „… zum Schluss hat er mich auch noch nach Dransdorf gebracht. Übrigens habe ich das Testament. Dafür interessiert sich hier wohl keiner mehr", schloss er empört.

„Stefan, dazu später. Keine Angst. Du kommst schon noch auf deine Kosten", unterbrach ihn Hubertus, ohne zu ahnen, dass er auf eben diese schon längst gekommen war.

„Aber der große Unbekannte", fuhr Hubertus fort, „ist bis dato Jupp. Der fehlt uns hier in der Runde."

„Nicht ganz", hallte es aus dem Flur. „Glaubt ihr, ich würde mir das hier entgehen lassen? Den Spaß meines Lebens? Wer mit aufstellt, muss mit kegeln." So leitete Jupp sein plötzliches Auftreten in seiner bekannten verhuddelten Redeweise ein.

Alle blickten erschrocken auf den bezopften Bärtigen, wie er da in voller Größe in der Tür stand. Sogar Hubertus zögerte einen Moment, bevor er äußerlich ungerührt fortfuhr: „Dann sind wir ja vollständig! Herr David, nehme ich an."

„Ja, Herr Bruns. Dass wir uns mal persönlich kennenlernen! Es geschehen doch noch Teilchen und Plunder. Den anderen muss ich mich ja kaum vorstellen", erwiderte Jupp, setzte sich wie selbstverständlich neben Josi und reihte sich damit in den Club der Verdächtigen ein.

„Das trifft sich gut", fuhr Hubertus fort. „Ich habe da einen Verdacht: Josi, was genau ist dem Abend passiert, als du nach Hause gekommen bist?"

„Also", begann Kai an ihrer Stelle, kam aber nicht weit.

„Kai, du bist nicht gefragt. Mund halten! Hast du doch hinreichend geübt."

„Also, ich kam nach Hause", fing Josi an. „Eigentlich fast wie immer. Dummerweise hatte ich mein Portemonnaie vergessen, kam mit dem Taxi, ging kurz in den Flur, nahm das Geld an mich, und ging dann wieder. Ich wollte irgendwie noch feiern. Wenn ich gewusst hätte, das Hans da im Wohnzimmer …", stockte sie und fing an zu schluchzen.

„Mama", entfuhr es Kai, der sie tröstend in den Arm nahm. „Beruhige dich. Bitte. Ich bin hier. Wir schaffen das zusammen. Lass uns die Sache aufklären, sonst bekommen wir beide keinen Frieden!"

Zu ihrer aller Überraschung war Kai echt souverän, jetzt, da er sich nicht mehr hinter seiner Rolle als Depp zu verstecken brauchte. „Lass uns eines klären: Du warst gar nicht im Wohnzimmer?", fragte er jetzt fast ein wenig ängstlich seine Mutter.

„Da bin ich gar nicht erst hingekommen. Wieso auch? Glaubst du, ich wäre abgehauen, nachdem ich Hans gefunden habe?"

Kai war sichtlich getroffen. Was hatte er sich denn da nur zusammengereimt? Seine eigene Mutter im Verdacht zu haben! „Ich dachte, du hättest Papa … Aber doch nur, weil er so krank war. Ich hätte dir nie etwas Böses zugetraut."

„Das weiß ich doch, Kai", beruhigte ihn Josi.

„Aber Mama, da standen doch zwei Gläser. Ich dachte … naja, du hättest das vorzeitig beendet."

„Kai, wie konntest du nur an so etwas denken? Ich habe deinen Vater geliebt. Ich hätte das nie über mich gebracht. Nicht einmal, um sein Leiden zu beenden. Ich hätte ihn nie freiwillig gehen lassen."

„Und dann kamst du dazu, Kai? Dachtest, deine Mutter wäre es gewesen und wolltest sie schützen?", hakte Hubertus nach.

„So in etwa. Ich wusste auch nicht, wie mir geschah. Ich komme nach Hause, sehe meine Mutter, wie sie das Haus verlässt und finde meinen toten Vater auf dem Boden liegend. Was hätten Sie denn wohl gedacht? Dass sie nur im Flur war, um Geld zu holen? Sicher nicht. Da standen zwei Gläser. Mein Vater war todkrank. Wäre es denn auch so schlimm gewesen, hätte meine Mutter das für ihn erledigt? Wie so vieles andere auch? Sie hat immer die Kohlen für ihn aus dem Feuer geholt. Immer. Nicht er war der große Macker. Sie war es. Ihr alle habt auch sie immer unterschätzt. Nicht nur mich. Trotz ihrer zierlichen Statur ist sie weitaus zäher, als mein Vater es je hätte sein können. Und ihn so sterben zu lassen? Wäre das so schlimm gewesen? Er wäre immerhin ohne schlimmere Schmerzen gestorben. Ohne weitere Chemotherapie, ohne zu erleben, wie er Stück für Stück weniger wird. Auf Ärzte angewiesen, die lieber innovative Medizin ausprobieren, als dem Sterbenden ein Recht zum Sterben zu geben! Ich hatte Hochachtung vor meiner Mutter. Manchmal gehört mehr dazu, etwas zu ändern, als alles so kommen zu lassen, wie es einem das Schicksal vorschreiben will. Sie, Herr Bruns, müssten dafür doch zumindest aus menschlicher Sicht Verständnis haben. Oder schaltet man das als Mediziner ab?"

Unerwartet still war es geworden ob Kais Monolog. Aber eine Diskussion über Sterbehilfe wollte Hubertus in dieser Runde ganz sicher nicht führen. Zumal man als Mediziner, wie sich Hubertus schuldbewusst eingestehen musste, tatsächlich manchmal aus wissenschaftlichem Ehrgeiz geneigt war, den Aspekt der Menschlichkeit zu vernachlässigen. Er fuhr jedoch unbeirrt fort: „Und dann hast du deinen Vater an die Heizung gehängt, um es nach Selbstmord aussehen zu lassen?"

„Ja, habe ich. Schlimm genug, den Vater verlieren zu müssen. Ich war ja darauf vorbereitet. Aber wenn es soweit ist, stellt man fest, dass man sich auf solche Endgültigkeiten gar nicht wirklich vorbereiten kann. Man kann nach außen alles regeln, Testamente schreiben, Pläne schmieden, Abrechnungen erstellen. Aber der Schock des Verlustes bleibt. Und in dieser Situation auch noch einen Prozess wegen Giftmordes führen zu müssen? Gegen meine Mutter? An meinem Vater? Beide verlieren, zur gleichen Zeit? Niemals. Darum die Heizung. Etwas anderes ist mir auf die Schnelle nicht eingefallen. Ein Vollzugsbeamter hat mir einmal von einem solchen Vorfall erzählt. Drum kam ich drauf, als ich meinen Vater, seinen Orden und die Heizung gesehen habe."

„Und dann habt ihr beide ihn nach oben getragen."

„Klar. So wollten wir ihn beide nicht hängen lassen. Ist ja wohl verständlich. Noch bevor ich dazukam, hatte sie daher euch angerufen, nachdem sie seine Nachricht gelesen hatte. Und dann haben wir meinen Vater gemeinsam nach oben getragen. Aber", jetzt wandte er sich unmittelbar an seine Mutter, „dass du ausgerechnet in dieser Situation mal auf die Anweisungen von Papa gehört hast! Ich muss schon sagen, daran hatte ich meine Zweifel. Papa lag da zum Glück aber richtig."

„Moment mal, Kai. Was heißt das denn jetzt?", fragte Josi sichtlich überrascht.

„Na, den Plan hatten Papa und ich schon Monate vorher ausgetüftelt", antwortete er, als sei das die größte Selbstverständlichkeit.

„Moment, bitte. Nicht gar so schnell", versuchte Hubertus, die Kontrolle über das Gespräch wiederzuerlangen. „Noch einmal zurück zu dem, was du vorher gesagt hast. Den Tod kann man organisieren, Testamente schreiben und Abrechnungen erstellen. Was heißt das konkret, Kai? Ich glaube nicht, dass es im Sinne deines Vaters war, dich und deine Mutter zu gefährden. Und so ist es gekommen. Weil man zwar an deinen Wahnsinn geglaubt hat, aber den von Willi nicht erahnen konnte!"

Alle starrten still und erwartungsvoll auf Kai. Störrisch funkelte Kai Hubertus an. „Raus mit der Sprache, Kai."

Jetzt kam die Löwin wieder durch. Josi ergriff ihren Sohn am Arm und blickte ihm in die Augen. „Er hat Recht, Kai. Es ist zu Ende. Wir beide wären um ein Haar umgekommen. Es reicht. Du und dein Vater, ihr hattet schon immer die seltsamsten Ideen, von denen ich nicht den Hauch einer Ahnung hatte. Ich habe sogar immer mitgemacht, wenn du den reimenden Irren gespielt hast. Wie du schon gesagt hast: Wir müssen zur Ruhe kommen und versuchen, unseren Frieden zu bekommen."

Kai erwiderte ihren Blick und konnte ihm nicht länger standhalten. Stockend fuhr er fort: „Also, das Ding mit den Tantiemen hatten mein Vater und ich zusammen mit Frank vorher ausgekaspert. Das hat ihm noch wirklich Freude gemacht. Sich vorzustellen, wie die anderen zum Narren gemacht und dem Geld hinterherhechelen würden. Da haben wir lange dran getüftelt. Um allen einmal den Schweiß auf die Stirn zu treiben. Und außerdem: Er hat seine letzte Schnitzeljagd für mich und Frank gegeben, wenn man es so nennen will. Er hat schon immer die besten Schnitzeljagden organisiert, wollte das diesmal aber auf die Spitze treiben, weil er dem Tod nah war. Nur diesmal hat er einen wirklichen Köder ausgeworfen: Nicht wie zum Schluss eines Kindergeburtstages eine Tüte Haribo, sondern eine Tüte voll Geld: Die Tantiemen. Er wusste ja, dass er keinen weiteren Geburtstag von mir noch erleben würde. Es war eine Art Abschiedsgeschenk. Und ihr habt es schließlich nicht besser verdient. Ihr habt mich nie beachtet und auch nicht sehen wollen, dass ich zwar normal war, aber eben nicht sprechen konnte. Wir waren doch alle geächtet in euren Augen. Ihr wolltet mit mir nichts zu tun haben, weil ich anders war. Ja, ihr habt mir nicht mal mehr in die Augen geschaut. Dass ihr auf die dämlichen Kontaktlinsen reingefallen seid, spricht doch Bände. Da muss erst der Prof aus Duisburg kommen, damit euch das klar wird. Ihr wart willkommene Opfer. Und das zu Recht."

Kai hatte sich durch diese Ansprache Luft gemacht. Zum ersten Mal. Und alle nahmen zumindest einen Teil dieser Worte an Kritik auf. Wobei diese natürlich von Karl Heinz und Stefan schneller abfiel als von Marius und Willi. In dem betretenen Schweigen fuhr Kai fort: „Vielleicht war das alles auch ein Versuch von Papa, um uns für die erste Zeit der Trauer abzulenken. Und mir schien es rechtens zu sein, das auf eure Kosten zu tun. Jeder hat hier doch Dreck am Stecken. Mein Vater auch. Aber der hat es wiedergutgemacht. Am Schluss wenigstens. Also kamen wir auf die Idee mit den gefälschten Testamenten."

Er hielt inne und trank einen Schluck, als wollte er die Spannung noch weiter steigern, obwohl sie bereits jetzt zum Bersten war. Stefan witterte als erster das Ungemach, wohl, weil er in Sachen Testamente am meisten geackert hatte. Das nahm er jetzt persönlich. „Was soll das heißen? Gefälschte Testamente? Gehen die Tantiemen nicht an uns? War das alles ein Witz? Habe ich umsonst…" Er sprach nicht weiter.

„Umsonst nicht", gluckste Kai, „ich bin mir sicher, mein Vater hatte auf Wolke sieben einen höllischen Spaß dabei. Und ich auch, nicht zu vergessen. Ja, ich hatte Rosi, ein fürstliches Essen im *Edelweiß*, eine Spritztour mit dem Hummer nach Würzburg und einen sehr schönen Abend da, einen mehr als stressgeplagten Stefan in meiner Gesellschaft, Willi und Karl Heinz gut beschäftigt und das Beste…", wollte er gerade fortfahren, als ihm Stefan unvermittelt an die Kehle ging.

„Du verdammtes Schwein, du Drecksau, du Arschloch, du Nuttenpreller! Die Rosi niedergestreckt! Ausgerechnet die Rosi! Weißt du eigentlich, was mich das an Geld gekostet hat?"

Hubertus wollte gerade dazwischengehen, als der Kommandant das Wort ergriff: „Stefan, lass ihn. Setzen. Ich will das hören."

Stefan ließ Kai los. Immer noch fluchend und schaufend nahm er wieder Platz.

„Kai, du hast da eben etwas gesagt. Hans hat etwas wiedergutgemacht. Heißt das…?" Er wandte sich an Jupp: „Auch an dir, Jupp?"

„Ja, auch an mir. Meinen Schotter hab ich ja schließlich mit unserem Schrotthändler hier gemacht. Die Welt regiert das Geld. Und Hans hat die Kupfersache, sagen wir mal, geduldet. Auch nicht schlimmer als fringsen, fanden wir alle. Und ich habe ihn an jenem Abend nach Hause gebracht. Du, Willi, weißt das. Er bat mich um einen Gefallen. Eigentlich wollte er in Kais Beisein seine Pille schlucken, um das alles zu beenden. Aber das wurde ihm zu viel. Mein Gott, welcher junge Mann kann schon seinen Vater sterben sehen? Die Schmerzen waren schlimmer geworden. Schlimmer als er Josi und Kai gegenüber hatte zugeben wollen. Er wollte den Schlusspunkt setzen. Nicht allein, aber eben auch nicht mit den Seinen, um ihnen den Schmerz zu ersparen. Er hatte das Gift zwar schon da, aber die Einnahme für einen anderen Anlass geplant. Er dachte, ich könnte ihn sterben sehen. Er hat mir erzählt, was er geplant hatte und natürlich hatte auch ich meinen Spaß daran. Da kam mir erst der Gedanke, mich einzumischen und allen mit Hans gemeinsam einen einzuschenken. ‚Nie oder jetzt' habe ich mir gedacht. Ich habe ihm den Plan, sagen wir mal, entlockt. Streng genommen habe ich den Spaß daran immer noch. Es geschehen noch Teilchen und Plunder. Auch, wenn ich Hans Abgang ganz ehrlich bedauere, Josi, Kai, glaubt mir das bitte." Er unterbrach sich. Auf ein kurzes Nicken von Josi hin fuhr er fort: „Aber ich kannte nach unserem letzten Gespräch seinen Plan mit den Testamenten. Mit Kai und Frank war ja alles schon perfekt geplant. Er wollte von mir eigentlich, dass ich den Krankenwagen rufe, gerade zu spät, um ihn zu retten, gerade zu früh, um nicht wegen unterlassener Hilfeleistung dranzukommen. Aber ich konnte nicht. Ich bin weggerannt. Habe alles liegen und stehen lassen."

Schon wieder hatte er einen Knubbel in der Redewendung, dachte Marius. Das machte einen wahnsinnig, wusste man doch im ersten Moment nur, dass etwas falsch war, kam aber nicht auf die richtige Formulierung. „Ich konnte es nicht, Josi. Ich konnte ihn nicht sterben sehen, wusste, dass es nur noch wenige Momente dauern würde. Ich konnte nicht einmal den Rettungsdienst rufen. Ich habe doch im Traum nicht daran gedacht, dass Kai seine eigene Mutter verdächtigen würde. Ich dachte, Hans wird gefunden und dann wird ein Selbstmord festgestellt, ganz gleich, ob ich dabei war oder nicht. Das hat er nicht verdient. Es tut mir leid, Josi."

„Und dann?", hakte Hubertus nach und versuchte sachlich zu bleiben, denn wenn sie jetzt erst einmal der Reihe nach mit Reuebekundungen anfangen wollten, kämen sie gar nicht mehr weiter.

„Ich wollte nur auf das laufende Pferd, hmmm… fahrende Auto…" Jupp überlegte. Marius kam ihm zur Hilfe: „Auf den fahrenden Zug aufspringen."

„Ja, ja, genau. Fahrenden Zug aufspringen, um meine geheimen Rachegelüste, die ich eigentlich nicht mehr hätte haben dürfen, zu befriedigen. Ich hatte aber natürlich Spaß an der Sache mit den Tantiemen und dabei, euch selbstgerechten Arschlöchern eins auszuwischen. Das gebe ich zu. Dass Hans aber wirklich meinte, ich könnte Spaß an seinem Tod haben, da hat er sich gehörig verschätzt. Nichts, fast nichts gibt es auf dieser Welt, was nicht verziehen werden kann. Und für nichts ist der

Tod eine Genugtuung. Hitler und einige wenige andere Kandidaten dieser Gilde mal ausgenommen. Ich weiß nicht, warum Hans meinte, sein Seelenheil darüber wiederfinden zu können, wenn ich ihn sterben sehe. Und ich traue ihm nicht zu, dass er mich damit strafen wollte. Vielleicht war er doch kranker, als wir alle gedacht haben."

Ja, das war er wohl, dachte Josi und fing wieder an zu schluchzen. Kai nahm sie in den Arm und fuhr ihr tröstend über den Kopf. „Mama, wir schaffen das."

Oh wei, jetzt rutscht es doch ins Sentimentale ab, dachte Hubertus. Alle starrten nur stumm vor sich hin, bis Hubertus wieder das Wort ergriff: „Also hat sich immerhin, was den Tod von Hans angeht, keiner strafbar gemacht. Das ist ja schon mal was." Auch wenn ihm das hinsichtlich seiner Aufklärungsquote keine weiteren Lorbeeren einbringen würde, wie er insgeheim konstatierte. „Wenn ich mir aber dieses ganze menschliche Debakel hier anschaue…", wollte er fortfahren, als Josi ihn unterbrach: „Und ich hatte dich schon im Verdacht, Kai! Die Haare an der Uniform, die ich gefunden habe. Rote Haare. Ich konnte mir nur keinen Grund vorstellen, warum du ihn…" Sie brach erneut in Tränen aus. Das hatte Hubertus befürchtet. Nichts ist so lähmend wie die Tränen einer trauernden Frau, dachte er.

„Und, Willi, du?", fragte Hubertus weiter. Er wollte ablenken und die Situation retten.

„Was gibt es dazu schon zu sagen? Ich, ich war wie immer der Trottel! Ich hatte doch nur den Verdacht vom Doc gehört und wollte beide schützen – jetzt, wo Hans nicht mehr da war. Ich habe es doch nur aus Liebe getan. Das wisst ihr doch alle. Josi, Kai. Das wisst ihr doch?", schrie Willi. Alle anderen schüttelten fassungslos und mitleidig die Köpfe. Bis Kai, diesmal weniger stumpfsinnig als feingeistig, das Gespräch mit einem Reim fortsetzte.

„Bäuche schmerzen,
wenn Herzen herzen.
Blut gerinnt, Atemnot,
Herzen herzen –
Bis zum Tod."

Totenstille. Aufgrund dieser Worte wollte sich gerade ein gewisses Maß an Tiefgründigkeit breitmachen, bevor Willi, poetisch weniger gerührt als der Rest, erbittert den Kopf schüttelte. Tiefsinn hatte er noch nie erkannt.

„Ich Idiot! Ich verdammter liebestoller Idiot. Nur für euch habe ich das getan, das alles! Und auch Hans..." Seine Stimme erstickte unter Tränen der Verzweiflung und Wut auf sich selbst.

„Auch Hans?", fragte Hubertus nach.

„Ihr wisst doch eh schon alles!", brüllte Willi. „Natürlich habe ich Hans weggebracht! War doch besser so. Wenn Kai und Josi es tatsächlich gewesen wären, dann... Mann, Marius, du hast das doch gesagt. Du bist schuld!"

„Mein Gott, Willi. Du bist wirklich ein noch ärmerer Willi, als ich je gedacht hatte", zischte der Doc ihn an und fühlte sich gleich darauf schon schlecht, den armen Tropf jetzt auch noch so angefahren zu haben. „Aber Willi", sagte er in beruhigendem Ton, „Wo ist er denn?"

„Er ruht gut", erhielt er zur Antwort. Und schrieb brav die Adresse auf. Einige Zeit herrschte Schweigen. Dann ergriff Hubertus wieder das Wort: „Es tut mir leid, aber wir sind noch nicht fertig. Jupp, noch mal zu dir: Du warst das mit den Reifen, der Banane und dem Bärwurz?"

„Na klar. Harmlos, aber unterhaltsam. Ich wusste doch von Hans, wie es sich abspielen würde. Alles war so berechenbar. Nur mit der schwachen Konstitution von unserem Doc hier hatte ich nicht gerechnet. Aber ich wusste ja im Gegensatz zu ihm, dass ich ihn nicht vergiftet hatte. Und dass so ein Bärzwurz, in Mengen genommen, schon so manchen Mageninhalt entnommen hat, das weiß ich selbst aus eigener Erfahrung." Er schmunzelte in seinen Bart hinein. „Und wenn man überall ein Auge hat, ist so eine kleine Schnitzeljagd mit Hindernissen ein Kinderspiel."

Alle sahen betreten in die Runde. Besonders Marius fühlte sich dezent blamiert. Wie hatte er sich nur so ins Boxhorn jagen lassen können. Was für eine Schande! Zum Glück konnte er einigermaßen sicher sein, dass nicht allzu viel von dem, was geschehen war, in die Öffentlichkeit gelangen würde.

Hubertus wandte sich an Kai: „Eins noch, damit auch unser Stefan seinen Frieden findet oder zumindest eine Antwort hat. Die Testamente?

Was hat es damit auf sich?"

„Ich sollte immer dabei bleiben, laut dem Plan von Papa. Nur genauso viel verraten, dass unsere Jungs hier nicht die Fährte verlieren. Und ich muss zugeben, Jupps Intervention hat mich auch manchmal stutzig gemacht. Das hatten wir natürlich nicht auf dem Schirm, dass da noch jemand mitmischt, von dem wir nichts wussten. Aber ohne dein Zutun, Jupp, wäre es sicher nur halb so spaßig geworden. Vor allem in Würzburg. Wenn ich da an das Gesicht von Stefan denke, als der Hummer platt war…"

Stefan wollte schon wieder aufspringen, wurde aber von Karl Heinz erneut, diesmal durch einen kurzen Griff in den Nacken, aufgehalten.

„Ich habe", fuhr Kai ungerührt fort, „durch meine Reime ein wenig nachgeholfen, wenn es mal zu kippen drohte. Selbst als der Depp von Stefan ins Siebengebirge wollte, statt in den Bunker zu fahren. Immer ein kleiner Reim zu rechten Zeit, um denen ein wenig auf die Sprünge zu helfen. Und in einem habt ihr geldgeilen Idioten Recht gehabt: Klar gibt es mehrere Testamente. Aber egal, wie viele ihr gefunden habt oder gefunden hättet, das endgültige ist in sicherer Verwahrung. Beim Notar. Und natürlich erst dann zu öffnen, wenn mein Vater nicht nur faktisch, sondern auch rechtlich tot ist."

Zu ihrer aller Überraschung stand nun Josi auf, blickte selbstsicher in die Runde und sagte, ohne einen Widerspruch zu dulden: „Ich will jetzt, dass mein Mann beerdigt wird. Will von dem allen hier nichts mehr wissen. Das sind mir alle in dieser Runde schuldig. Selbst Sie, Hubertus. Ich kenne Sie nicht, weiß aber, dass Marius Ihnen vertraut. Und das reicht mir. Seht ihr zu, wie ihr das geregelt bekommt, so schnell wie möglich. Gutgläubig wie ich war, habe ich den letzten Scherz meines Mannes nicht erkannt und mitgespielt. Sogar ich habe an eure blöden Tantiemen und an den Ruf des Corps gedacht, statt mich wie eine normale Witwe zu verhalten. Jetzt ist es mit meiner Geduld endgültig vorbei."

„Beruhige dich, Josi. Deinen Mann bekommen wir unter die Erde. Dazu fällt mir schon was ein", beruhigte Karl Heinz sie.

„Aber was Willi angestellt hat", warf Hubertus ein, „bekommen wir so schnell nicht mehr in den Griff, das garantiere ich euch. Aber auch mir reicht es für heute. Ich jedenfalls schlafe jetzt eine Nacht über alles. Ich denke, alle zusammen sind wir sicher. Es scheint ja nur einen Wahnsinnigen unter uns zu geben." Jedenfalls, wenn man das Karnevalsvirus nicht dem Wahnsinn zuschreibt, dachte Hubertus, als er in die Runde blickte. „Und für Willi reicht es, wenn sich die Polizei morgen mit ihm beschäftigt." Er blickte zu Willi, mit dem weniger denn je los war. Von dem ging heute Nacht keine Gefahr mehr aus. Aber Stefan fesselte ihn trotzdem mit einigen Kabelbindern, die er im Geräteschuppen nebenan gefunden hatte, an die Heizung. Das erschien ihm irgendwie passend. Und so schlummerte auch Stefan beruhigt ein.

Ein Alptraum ohne Ende

Sie schliefen. Mehr oder weniger. Etwa in der gleichen Formation, wie sie in der Runde gesessen hatten. Hubertus wachte als erster aus seinem unruhigen Schlaf auf. Ihm war da etwas eingefallen, als er im Traum die Geschehnisse des letzten Abends Revue passieren ließ. Was hatte Jupp da noch gesagt: Er hätte jetzt noch Spaß?! Was hatte das zu bedeuten? War das Spiel etwa immer noch nicht vorbei? Jupps Spiel? Er rüttelte ihn wach. „Jupp, wach auf! Was hast du da gestern gesagt? Es ist noch nicht vorbei? Es geschehen noch Teilchen und Plunder?"

„Mann, Hubertus, ich schlafe noch. War hart genug die letzten Tage."

„Red dich nicht raus! Los, erzähl. Was erwartet uns noch?"

Müde, aber seltsam zufrieden blickte Jupp auf die Uhr. Elf Uhr. „Uns hier wohl nichts, wie es aussieht. Jedenfalls nicht so direkt."

„Was meinst du damit? Verdammt, selbst meine Geduld hat ein Ende!"

Währenddessen meldete sich Karl Heinz' innere Fastelovendsuhr. Sie schien nach allem doch noch zu funktionieren, da er ja pünktlich beim Sonntagszug in Beuel sein musste, allem Unbill zum Trotz. Schließlich rief die Pflicht. Er wachte daher gerade auf, als Jupp weitersprach. „Ich habe mir da noch so einen lustigen Schabernack ausgedacht. Streng genommen zwei."

„Was heißt das?", fauchte ihn Hubertus an und schüttelte Jupp. Der hingegen wandte sich ungerührt an Karl Heinz: „Du hast doch neulich von einem fahrenden Händler billig Kräuterschnaps gekauft. Liege ich da richtig?"

„Naja, da war so ein Penner auf dem Schrottplatz."

„Und dem hast du zu einem Spottpreis zwei Fässer Schnaps für die Mariechen abgekauft, die das Corps damit vor dem Zug versorgen, oder?"

„Ja, und?", zischte der Kommandant nervös.

„Und wie ich dich kenne, Karl Heinz, hast du den bestimmt nicht zum Einkaufspreis weitergegeben."

„Jupp, was soll das?" Karl Heinz wurde das erste Mal wirklich angst und bange.

„Weißt du, Karl Heinz, ihr habt mir meine Leidenschaft geraubt. Mein Lied gestohlen, mein ,Kind'. Und so tue ich es jetzt mit euch. Wenn ich mich nicht sehr täusche, dürfte eure sonst so ordentliche Formation bei diesem Zug mal ganz gehörig auseinanderlaufen. Statt lautem Tamtam wird es für deine Stadtsoldaten heute mal ein stilles Örtchen geben."

„Du hast doch nicht..." Der Kommandant rang um Fassung. „Nichts in den Schnaps getan?", fasste er in böser Vorahnung nach.

„Reg dich nicht auf. Ist ganz harmlos, aber sehr, sehr wirkungsvoll."

***

Als der Kommandant mit Stefan im Schlepptau in der Auswechseluniform für Notfälle aus dem Kofferraum am Aufstellplatz an der Königswinterer Straße ankam, bot sich ihm ein Bild des Grauens: Wo er auch hinsah, verschwanden Uniformierte in die umliegenden Häuser und baten um Zutritt zum WC. Einige, die es nicht mehr geschafft hatten, hockten in den Büschen. Die Pferde ohne Reiter, die Kutschen ohne Führer, die Trecker ohne Fahrer. Nur noch wenige, die Schnapshasser oder Antialkoholiker, also im Wesentlichen die Frauen, versuchten, die Stellung zu halten. Der Spieß schoss sofort auf den Kommandanten zu. „Karl Heinz, das ist wie eine Epidemie! Hat vor einer Stunde angefangen. Was tun wir? Die klagen alle über Bauchschmerzen und Durchfall. Von denen, die betroffen sind, schafft es kein einziger durch den Zug."

Karl Heinz hatte sich schon während der Fahrt gedanklich auf das Katastrophenszenario vorbereitet. Aber so ein Bild des Schreckens hatte er dennoch nicht erwartet. „Okay, wie viele sind einsatzfähig?" Es klang fast, als hätte er gefragt: Wie viele sind gefallen?

„Geschätzt: zehn Mann. Dazu die Frauen, das Kindercorps und einige von den Pferdeführern."

„Haben wir noch Traktorfahrer?"

„Ja, einen, am Senatswagen. Der ist auch unbesetzt. Die Senatoren hatten aber noch Schwein. Als es bei denen losging, waren sie gerade drüben im Zelt. Da gibt es wenigstens Toiletten, wenn auch nicht für alle gleichzeitig. Die geben sich aber brav die Klinke in die Hand."

„Sehe ich so aus, als würde mich im Moment interessieren, wo die Herren Senatoren scheißen gehen?", schnaubte der Kommandant seinen Untergebenen an. Eine schnelle Entscheidung musste her! Dann eben mit Notbesetzung durch den Zug. Besser so als gar nicht. Das war mit absoluter Sicherheit der schwärzeste Tag seines Lebens! Frauen mussten auf den Senatswagen! Wie sollten sie sonst die Unmengen an Kamellen loswerden? Für Rosenmontag waren die Scheunen schließlich noch brechend voll. Die Weiber in der Überzahl. Schlimm genug. Und das an einem Karnevalssonntag, wo ihnen allen noch das Kommando der Damen von Weiberfastnacht in den Knochen steckte! Das sonst so stattliche Stadtsoldatencorps würde heute als Amazonen-Corps antreten müssen. Was für ein Grauen! Wenn das sein Vater noch miterlebt hätte! Es half nichts. Vielleicht würde das ja mal irgendwann in späteren Jahren als der Beginn einer neuen Entwicklung im Karneval in die Geschichtsbücher eingehen. Aber angesichts der rasanten, nahezu antizyklischen Entwicklung des Karnevals, woran er Zeit seines Lebens mitgewirkt hatte, würde er das hoffentlich nicht mehr erleben müssen. „Die Kinder vor, dahinter den Senatswagen." Frauen und Schwangere zuerst, wollte er gerade sagen, wobei beide ja streng genommen eine Einheit bildeten. Stattdessen fuhr er fort: „Die Frauen auf den Wagen. Und schafft die Musikanlage drauf. Sonst wird das Geschwätz von da oben zu laut. Die Pferde gehen mit ihren Führern zurück. Die übrigen Traktoren und Wagen werden am Rand abgestellt. Darum sollen sich die paar Männer kümmern, die noch können. Und dann Augen zu und durch!"

Gesagt, getan, improvisiert und unerwartet die Frauen inthronisiert. Was würde dieser Tag wohl Alice Schwarzer bedeuten? Der Kommandant trug das Seinige dazu bei. Er ging nicht wie sonst immer auf den Wagen, nein, er machte den Tanzoffizier und hob die Mariechen durch den Zug. Gelernt war eben gelernt, auch wenn diese Karriere etliche Jahre zurücklag. Was würde er dazu wohl der Presse erklären, fragte er sich, während das Publikum am Wegesrand diese abgespeckte, weibliche Stadtsoldatenformation an sich vorbeiziehen sah. Was die wohl denken würden?

Blick zurück – ganz ohne Zorn

Rosenmontag/Köln, WDR-Tribüne.
Vier Gestalten beugten sich allesamt zum Aufwärm-Bier über die Lokalausgabe des Bonner Express.

> **Kommandant der Stadtsoldaten auf Drängen der Mariechen zurückgetreten – Adjutant dankt auch ab.**
> **Zeit für einen Generationswechsel bei den Stadtsoldaten?**
>
> Wie aus Karnevalskreisen nach dem Amazonen-Skandal beim Beueler Sonntagszug bekannt wurde, zieht sich die Vereinsspitze plötzlich und unerwartet aus allen Ämtern zurück. Aus ungeklärter Ursache waren gestern fast alle männlichen Corpsmitglieder aufgrund einer spontan auftretenden Magen- und Darmerkrankung am Antreten gehindert worden. Austreten war stattdessen angesagt. Aus unbestätigter Quelle hieß es, die Tanzmariechen hätten den Kommandanten, Karl Heinz Tibold, zum Rücktritt gezwungen. Ebenso schied sein Adjutant, Stefan Emmerich, aus seinen Ämtern aus. Hierfür soll ein Aushang am schwarzen Brett im Vereinsheim der Auslöser gewesen sein. Weiteres ist noch nicht bestätigt.

„Schön, dass Jupp Spaß hatte", sagte die einzige Frau in der Runde, nachdem sie das gelesen hatten. „Ich gönne es ihm irgendwie. Und Hans hätte auch seine Freude gehabt", ergänzte der Pitbull im rosa Häschen- kostüm neben ihr. Alle sahen sich ein wenig traurig, aber dennoch mit einem Lächeln an, selbst der Fleischberg in ihrer Runde, dessen Heimat der Karneval wohl nie werden würde.

„Und wie gut, wenn man gute Freunde hat."

„Und wie gut, wenn man so eine Mutter hat."

Sie lehnten sich zurück und mussten trotz allem seit Tagen zum ersten Mal befreit lachen.

***

Die gleiche Schlagzeile las Jupp, als er seine Freunde in der Stadt emp- fing, um bei Brezeln und Kölsch den Rosenmontagszug in Bonn anzu- schauen.

„Hey, Mehmet. Wieder zurück? Vielen Dank noch mal."

„Ach, Jupp, war doch eine Kleinigkeit und eine willkommene Abwechs- lung. Ist der Schorsch schon aus Würzburg zurück?"

„Klar doch, sitzt gleich dahinten."

„Nimm dir ein Kölsch. Du kennst dich ja aus." Schon ging Jupp erneut zur Tür, um einen weiteren Gast zu begrüßen. „Rosi, sag, dass du jetzt endlich mal Feierabend machst!"

„Klar doch, Jupp. Ich hatte da die Tage zwei lukrative Jobs", schmun- zelte sie. „Da kann ich heut grad mal frei machen und privat meiner ei- gentlichen Passion nachgehen, mein Schatz. Eigentlich bin ich ja scharf wie Lumpis Nachbar, Jupp!" Sie zwinkerte ihn ebenso verführerisch wie vertraut an, bevor sie in ihrer Zweisamkeit unterbrochen wurden.

„Hey, da kommen die Stadtsoldaten", hörten sie Mehmet rufen und traten zum Fenster. Rosi, die im Gegensatz zu den anderen noch keine Zeitung gelesen hatte, meinte verwundert. „Der Kommandant da auf dem Pferd, das ist aber nicht der Karl Heinz."

„Nein, Rosi", antwortete Jupp in größter Zufriedenheit. „Der ist es ganz sicher nicht. Nicht mehr. Das kann nur ein anderer Bekannter sein. Sie hätten es schlechter treffen können. Der Neue hat zwar ein echtes

Problem mit Bärwurz, aber sonst ist er eigentlich ein netter Kerl, der Marius. Oh, ich liebe es, wenn ein Plan funktioniert!", zitierte er ein bekanntes Bonmot. Und feierte mit den Seinen ausgelassener und befreiter als je zuvor.

Epilog

Hans wurde am Freitag nach Karneval beerdigt. Man hatte ihn mit einem Abschiedsbrief in der Räucherkammer gefunden, zusammen mit Eibensaft im Kräuterschnaps und einer Mitteilung, dass er habe einsam gehen wollen, ohne seine Kameraden und seinen Freund Hans den Zweiten in Verlegenheit zu bringen.

So die offizielle Version.

Bis dahin hatte die Presse ruhig gehalten. Josi hatte einen Deal geschlossen und sich das Schweigen des Express mit einer kleinen Foto-Love Story aus einem Bunker erkauft.

Ein Schelm, der Böses dabei denkt.

Glossar

Küss de net von he, luurs de he:
Kommst du nicht von hier, guckst du hier:

Die kölsche Siel un dat kölsche Bloot in Ihr. Da fiert mer mit de Höhner, hät e Jeföhl für Kölle, schwof mit de Fööß un een Leed späder heeß et nur noch „Wat wor dat fröher schön doch en Colonia! Die joode aale Zick. Wor die net super?"
Die Kölner Seele und das Kölner Blut in Ehre. Da feiert man mit den Höhnern, hat ein Gefühl für Köln, klönt mit den Bläck Fööss und ein Lied später hieß es nur noch: „Was war das früher schön in Colonia. Die gute alte Zeit. War die nicht super?"

Strüßje
Sträußchen, werden im Karnevalszug geworfen

Bützje
Küsschen

Müllemer Böötche
Mühlheimer Bötchen, Anleihe an einen Kölschen Karnevalshit

Päffchen
Gerüschter Kragenschmuck aus Weißstoff

Pajass
Närrisches Zepter des Karnevalsprinzen

Josi, biss de noch draan? Küss de nu zom Fischesse, Liebelein?
Josi, bist du noch dran? Kommst du nun zum Fischessen, Schätzchen?

Kölschmäßig parat jemaate Volk
Das durch Kölsch zurechtgemachte Volk

He deit et wih un do deit et wih
Hier tut es weh und da tut es weh

Un esu stunte se all do
Und so standen sie alle da

Herzchen, wat iss loss? Liebelein? Wie luurs du denn?
Herzchen, was ist los? Schätzchen? Wie guckst du denn?

Un Aufjab eens für üch litt nevve däm Pajass up däm Desch
Und Aufgabe eins für euch liegt neben dem Pajass (s.o.) auf
dem Tisch

Ihr Fijure, hätt de Mam üch fing jemaat?
Ihr Figuren, hat die Mutter euch fein gemacht?

De bönnsche Fastelovend
Der Bonner Karneval

Övverstudierte
Überstudierter

Schwad keen Oper!
Rede keine Oper!

**Mir han jo schließlich net nur Döktersch em Corps,
sondern uch Dudejräber**
Wir haben ja schließlich nicht nur Ärzte im Corps, sondern auch
Totengräber (Bestatter)

**Un mir fällt do op de Schnell zomindest eener in, dä Jeld bruch.
Un sowieso schon Dreck am Stecke hätt**
Und mir fällt da auf die Schnelle zumindest einer ein, der
Geld braucht. Und sowieso schon Dreck am Stecken hat

Wenn dä schwich und de Hans akkorat parat jemaat hät
Wenn der schweigt und Hans akkurat zurechtgemacht hat

Loss se schwade
Lass sie reden

Jeck
Verrückt

Buure Sau
Ungehobelter Mensch

Für e bissche Ruhm un Ihr
Für ein wenig Ruhm und Ehre

Wie dat dann?
Wie das denn?

Dat Bloot von Kölle
Das Blut von Köln (eines der wenigen Lieder über Köln, das in Wahrheit noch nicht geschrieben wurde. Oder vielleicht doch?)

Mir han keen Zick
Wir haben keine Zeit

Dat wor et?
Das war es?

Dinge Pajass
Dein Pajass

Na, hätt Ihre Herrlichkeit et hinger sisch? Da wied us Ihrer Tollität doch janz schnell widder ne versoffene Bürjerlichkeit, wat?
Na, hat Ihre Herrlichkeit es hinter sich? Da wird aus Ihrer Tollität doch ganz schnell wieder eine versoffene Bürgerlichkeit, oder?

Don mer ene Jefalle!
Tu mir einen Gefallen!

Jedem Dierche sing Plaisierche
Jedem Tier sein Vergnügen

Net esu janz
Nicht so ganz

Me küt net draan
Man kommt nicht daran

Dat Janze
Das Ganze

Un du häss vor eener Stund och noch jesaat, mir krije de Prinz nit widder op de Damm
Und du hast vor einer Stunde auch noch gesagt, mir bekommen den Prinzen nicht wieder auf den Damm

Add widder
Schon wieder

Mit mir könnt ihr et jo maache. Bin jeihrt
Mit mir könnt ihr es ja machen. Bin geehrt

Wat jit et Neues?
Was gibt es Neues?

Alles joot?
Alles gut?

Du, Mathes, ich han ehn Saach für dich
Du, Mathes, ich habe eine Sache für dich

Jo, wodrüm jeht et dann?
Ja, worum geht es denn?

Jojo, wat es dann mit däm?
Jaja, was ist denn mit dem?

Wann häste Zick un wo?
Wann hast du Zeit und wo?

Watt denn nu, Stefan? Noch net wach? Wor wohl watt vill für dich, de Naach?
Was denn nun, Stefan? Noch nicht wach? War wohl etwas viel
für dich, diese Nacht?

Ej, du krass Schönjeföhnte. Ich bin am arbeede, siehs de dat nit? Isch hann ze donn. Et jit Lück, die arbeede für ihr Jeld
Ej, du Schöngeföhnter! Ich arbeite. Siehst du das nicht?
Ich habe zu tun. Es gibt Leute, die arbeiten für ihr Geld

Du siehs nit esu uss, als wööds du dazo jehöre
Du siehst nicht so aus, als würdest du dazu gehören

Du? Ene Fründ vom Jupp?
Du? Ein Freund von Jupp?

Fründe vom Jupp senn net so anjetrocke
Freunde vom Jupp sind nicht so angezogen

Ich dät jo su e Bild jlatt koofe, ävver ich han net dat Jeld dofür. Un ming Zick es dis Zick knapp
Ich würde so ein Bild ja glatt kaufen, aber ich habe das Geld
nicht dafür. Und meine Zeit ist in diesen Zeiten knapp

Schmier
Polizei (-Wache)

Em Rheinland wör datt
Im Rheinland wäre das

Dat is ene Bunker, Jung. Watt denn söns?
Das ist ein Bunker, Junge. Was denn sonst?

Jung, wenn do nur samsdaachs ne Zoch mit Musik is, dann es dat der Dronsdorfer Bunker. Do jeht samsdaachs der Zoch vürbei. Du bis mir ne Karnevalist. Dat wees me doch. Der janze Daach dem Trömmelche hingerher, ever net wisse, wo samdaachs der Zoch jeht
Junge, wenn da nur samstags ein Zug mit Musik geht, dann ist das der Dransdorfer Bunker. Da geht samstags der Zug vorbei. Du bist mir ein Karnevalist. Das weiß man doch. Den ganzen Tag der Trommel hinterher, aber nicht wissen, wo samstags der Zug geht

Echte Fründe stonn zesamme
Echte Freunde stehen zusammen (Karnevalshit der Höhner)

Innere Fastelovendsuhr
Innere Karnevalsuhr

Mörderischer Fastelovend

266 Seiten, Softcover, 125 x 190 mm, 9,99 EUR
ISBN 978-3-941557-69-7

Kriminalhauptkommissar Westhoven und seine
Mitarbeiter stehen Karneval vor einem Mord ohne
erkennbares Motiv…Werden Sie Zeuge eines spannen-
den Kriminalfalls und dessen realitätsnaher Aufklärung.
Dieser Roman orientiert sich eng an der täglichen krimi-
nalpolizeilichen Arbeit, denn Realität ist oft spannender
als Fiktion.

Eiskalt in Nippes

192 Seiten, Softcover, 125 x 190 mm, 9,99 €
ISBN-978-3-939284-14-7

Tadeuz Piontek ist Hausmeister und Mädchen für alles.
Bei Umbauarbeiten im Keller des Hauses in der Vier-
sener Straße findet er eine eingemauerte Tiefkühltruhe.
Als er sie öffnet, blickt er in das vereiste Gesicht eines
Toten: Tiefgekühlt seit Jahren. Deutlich ist die schwere
Schädelverletzung zu erkennen. Eiskalt in Nippes ist ein
neuer Fall für Kriminalhauptkommissar Westhoven und
sein Ermittlungsteam.

Feuer in Rondorf

240 Seiten, 125 x 190 mm, Klappenbroschur, 9,99 €
ISBN:978-3-939284-55-0

In einem ausgebrannten Haus findet die Polizei eine
stark verkohlte Leiche. Die Obduktion ergibt, dass
dem Verstorbenen kurz vor seinem Tod beide Hände
gebrochen wurden. Wer ist dieser Mann? Und wer hat
ihm dies angetan? Auch in ihrem dritten Fall stehen
Kriminalhauptkommissar Westhoven und sein Team
vor vielen ungelösten Fragen und müssen bis an ihre
Grenzen gehen, um den Fall zu knacken…

Vingstblüten im Herbst
Broschur, Format: 12,5 x 19 cm , 224 Seiten
ISBN: 978-3-943883-17-6, 9,99 EUR

Im Naturfreibad von Köln-Vingst finden Sporttaucher
eine Leiche. Ein Unfall ist ausgeschlossen: Die Füße des
Toten waren einbetoniert. Organisierte Kriminalität?
Eine Beziehungstat? Kriminalhauptkommissar Westhoven und sein Team stehen vor einem Rätsel. Doch ein
zweiter Mord führt sie zu einer Spur.

Krimis von Gereon A. Thelen

Nachts in Kalk
224 Seiten, 125 x 190 mm, Klappenbroschur,
ISBN 978-3-939284-57-4, 9,99 EUR

Köln, im Sommer 1994: Der junge Polizeimeister Peter
Merzenich, genannt Pitter, befreit eine Frau aus den
Fängen des Zuhälters Jupp Opladen. Kurz darauf gerät
ein Kollege, Michi Schmitz, auf einem einsamen Wald-
parkplatz in Höhenberg unter Beschuss und stirbt noch
am Tatort. Pitter macht sich auf eigene Faust auf Täter-
jagd. Doch es fehlt ein Motiv. Hat Kalks Rotlichtmilieu
eine Verbindung zu dem Fall? Es gibt noch einen unerwarteten Selbstmord, einen Drogentoten und eine weitere Frauenleiche bis es endlich Tag wird in Kalk.

Alaaf für eine Leiche
Broschur, 200 Seiten, Format: 12,5 x 19 cm
ISBN: 978-3-943883-70-1, 9,99 EUR

Karneval in Köln: Kommissar Peter Merzenich feiert
ausgiebig die fünfte Jahreszeit. Doch dann wird die
Karnevalsfreude jäh durch den Mord am Trainer der
Tanzgruppe „Fidele Rheinschiffer" unterbrochen. Bald
geschieht in der Altstadt ein weiterer Mord. Wieder
ist das Opfer Mitglied einer Karnevalstanzgruppe. Ein
Mord aus Konkurrenz zwischen Karnevalsvereinen?
Wussten die Opfer zu viel über die Methoden einer Firma, die gezielt Schwarz-
arbeiter ausbeutet? Bald deutet eine Spur auf einen mysteriösen Mann im
Indianerkostüm. Ihren Höhepunkt erreicht die Jagd nach dem Täter im Trubel
des Rosenmontagzugs.

Krimis von Bernhard Hatterscheidt

Melaten Macchiato

192 Seiten, Softcover, 12,5 x 19 cm,
ISBN: 978-3-943-883-68-8,
€ 9,99

Kurz vor Silvester sackt die junge Kassiererin Beate
Kuckelke vor den Augen der Kunden eines großen Le-
bensmittelmarktes in Köln-Chorweiler plötzlich leblos
zusammen.
Alle Wiederbelebungsversuche bleiben erfolglos. Der
Polizei erzählt der stämmige Filialleiter von einem mysteriösen Anruf, einer Erpressung, die er nicht ernst genommen hat. Ein großer
Fehler, denn die junge Frau ist vergiftet worden. Kriminalhauptkommissar Westhoven und sein Team der Mordkommission 6 nehmen die Ermittlungen auf.

Krimis von Bernhard Hatterscheidt und Gereon A. Thelen

Raucher sterben früher

224 Seiten, 125 x 190 mm, Klappenbroschur,
ISBN 978-3-943883-19-0, 9,99 EUR

Unversteuerte Zigaretten der russischen Marke LENA
überschwemmen den deutschen Markt. Wer steckt hinter
dem Schmuggel? Das Team um Zollamtmann Andi The-
veßen entdeckt eine erste heiße Spur zum unbekannten
Drahtzieher der Bande. Zeitgleich erschüttern mehrere
Morde in der deutsch-kasachischen Gemeinde im Rheinland die Öffentlichkeit. Die Kölner Mordkommission
unter der Leitung von Kriminalhauptkommissarin Gabi Kreuzmann nimmt
die Ermittlungen auf. Bald zeigen sich ungeahnte Parallelen zwischen beiden
Verfahren.

Find us on
Facebook

www.facebook.com/kriminalistenroman
www.kriminalistenroman.de
www.kriminalistenroman.com

Ein Mord zuviel

272 Seiten, 125 x 190 mm, Klappenbroschur,
ISBN 978-3-939908-84-5, 9,99 EUR

Hauptkommissar Andreas Montenar und sein Kollege
Sascha Piel von der Bonner Mordkommission sollen
den Mord an dem bekannten Arzt Dr. Horst Schneyder
aufklären. Aber dabei stoßen sie auf erhebliche Schwierigkeiten, denn wie es scheint, hat sich der Chirurg nicht
nur unter seinen Patienten, sondern auch in der eigenen
Familie einige Feinde gemacht...

Mörderische Habgier

287 Seiten, 125 x 190 mm, Klappenbroschur,
ISBN 978-3-939908-85-2, 9,99 EUR

Irgendwie schien das Licht im Raum dunkler zu
werden... Gott, sie fiel doch jetzt nicht in Ohnmacht!?
Es war unheimlich still in der Bank, alles lief ab wie in
einem Stummfilm ohne Klavierbegleitung... weder
Gianfranco noch der Bankräuber gaben einen Laut von
sich. Niemand hustete, niemand schrie. Ein Schuss fiel.
Laut, unerwartet, schrecklich. Die Hauptkommissare
Andreas Montenar und Sascha Piel von der Bonner
Mordkommission haben einen kniffligen Fall zu lösen: Wie hängen ein Ban-
küberfall, zwei ermordete Männer, zwei tote Frauen und eine Geiselnahme in
der Bonner U-Bahn zusammen?

Alles hat seinen Preis

256 Seiten, 125 x 190 mm, Klappenbroschur,
ISBN 978-3-941557-73-4, 9,99 EUR

Ein 13jähriger Junge verschwindet spurlos aus einer
Neubausiedlung in Beuel. Während den Ermittlungen
stellen Andreas Montenar und Sascha Piel fest, dass
die Kindesentführung nicht das einzige Verbrechen in
dieser Siedlung ist...

Der Teufel in uns

272 Seiten, 125 x 190 mm, Klappenbroschur,
ISBN 978-3-939284-26-0, 9,99 EUR

Zwei Mordserien, die auf den ersten Blick nichts
miteinander zu tun haben, erschüttern die Stadt. Bei
ihren Ermittlungen stoßen die Kommissare Andreas
Montenar und Sascha Piel auf die neu gegründete
Glaubensgemeinschaft des Predigers Jonas Kirch, der
verkündet, er sei von Gott nach Bonn gesandt worden,
um die Menschen aus den Fängen des Teufels zu retten.
Ist Kirch in die Mordfälle verwickelt?

Pützchens Mord

264 Seiten, 125 x 190 mm, Klappenbroschur,
ISBN 978-3-943883-18-3, EUR 9,99

Auf Pützchens Markt wird eine ältere Frau ermordet
aufgefunden. Weitere Morde folgen. Anfangs scheint
keinerlei Verbindung zwischen den Fällen zu bestehen.
Dann stoßen die Kommissare Andreas Montenar und
Sascha Piel bei ihrem fünften Fall auf eine Spur: eine
Tragödie, die das Leben mehr als einer Familie für immer veränderte, und auf einen schrecklichen Racheplan.

Rosenmordtag in Dottendorf

248 Seiten, 125 x 190 mm, Klappenbroschur,
ISBN 978-3-943883-67-1, EUR 9,99

Am Rosenmontag wird auf dem Quirinus-Platz eine
Frau aus dem Hinterhalt erschossen. Sie soll nicht das
einzige Opfer bleiben. Die Situation droht zu eskalie-
ren, als der Heckenschütze in einem anonymen Brief
ankündigt, alle Einwohner von Bonn töten zu wollen.
Unter Zeitdruck ermitteln die Kommissare Andreas
Montenar und Sascha Piel im Umfeld der Getöteten.
Endlich führt eine Spur in die Vergangenheit zweier Opfer. Montenar und Piel
haben bald zwei Verdächtige - doch nichts ist, wie es scheint. Als dann noch
einer der Verdächtigen auf ungeklärte Art ums Leben kommt, beginnt die
Suche von vorne.

Krimis von Andreas Schnurbusch

Schleusermord

248 Seiten, 125 x 190 mm, Klappenbroschur,
ISBN 978-3-939284-88-8, 9,99 EUR

Eine Polizeistreife findet am Kronenburger See in der
Eifel die Leiche eines jungen Mannes im Auflieger eines
verunglückten Sattelzuges. Der Fahrer ist flüchtig. Nach
Auswertung der Tatortspuren und Obduktion der Leiche
steht fest, dass der Mann erwürgt wurde. Die Beamten der
Mordkommission ‚Mama' gehen jeder Spur akribisch
nach und kommen der Identifizierung des Mörders Schritt
für Schritt näher. Die Ermittlungen führen über das Kölner Rotlichtmilieu zu
einer international agierenden Schleuserbande. Es handelt sich um den ersten Fall
des Ermittlerduos Hubert Makele und André Moritz, genannt Fisch und Kid.

Schachtleichen

216 Seiten, 125 x 190 mm, Klappenbroschur,
ISBN 978-3-943883-20-6, 9,99 EUR

Nach einer Gasexplosion in der Severinstraße stoßen Arbeiter bei der Räumung auf einen unerwarteten Fund: In
einem Schacht entdecken sie eine einbetonierte Leiche.
Fisch und Kid von der Mordkommission Köln stehen vor
einem Rätsel. Die Spur führt in die Eifel, wo sich vor mehr
als 15 Jahren ein unfassbares Familiendrama abspielte...

Mord in der Nordkurve

216 Seiten, Softcover, 125 x 190 mm
ISBN 978-3-943883-69-5, € 9,99

Ein extremer Sommertag in Köln, die Temperaturen
nähern sich der 40 Grad-Marke. Sirenen der Rettungs-
wagen dröhnen fortwährend in den Straßen. Ausgerechnet an diesem Tag findet das Spiel der Spiele statt: 1. FC
Köln gegen Fortuna Düsseldorf. Kurz nach Anpfiff des
Fußballspiels brechen acht Düsseldorf-Fans im Unter-
rang von Krämpfen und Schmerzen geplagt zusammen.
Während die angeforderten Rettungskräfte sich noch einen Weg durch die
Menschenmassen bahnen und von typischen Hitzeopfern ausgehen, kommt für
die ersten Fans schon jede Hilfe zu spät. Fisch und Kid von der Mordkommission Köln tappen in diesem mysteriösen Fall zunächst völlig im Dunkeln.

Find us on Facebook   www.facebook.com/
AndreasSchnurbuschKriminalromane

Ebenfalls in der Edition Lempertz erschienen

AnwaltsKrimi Köln:
Error in Persona
192 Seiten, Softcover, 12,5 x 19 cm,
ISBN: 978-3-945152-89-8, € 9,99

Mitten in der Kölner Fußgängerzone wird einer Frau am helllichten Tag die Kehle durchgeschnitten.
Die Täterschaft scheint eindeutig: Zeugen haben den mehrfachen Straftäter Peter Kussowski erkannt. Doch als ein junger Rechtsanwalt dessen Pflichtverteidigung übernimmt, entdeckt er bald mehr und mehr Ungereimtheiten. Und dann ist da noch Kussowskis Hündin Emma, um die er sich kümmern muss.

Alle Krimis auch als E-Book

Neu im Rheinland? Verwirrt und orientierungslos? Oder haben Sie schon immer hier gelebt und trotzdem Fragen zu Land und Leuten? Nicht mehr lange! Im Radio Bonn/Rhein-Sieg Quizbuch erfahren Sie alles, was Sie schon immer zu unserer Region wissen wollten: Was ist das Endenicher Ei? Wo wohnt das Bonner Brückenmännchen? Und was meint der Rheinländer, wenn er Sie zum „halven Hahn" einlädt? Von Karneval bis zur Geschichte, vom Sprachkurs bis zum Bilderrätsel, unsere 100 Fragen werden Ihnen garantiert Spaß machen.

Neben Antworten liefert Ihnen das Radio Bonn/Rhein-Sieg Quizbuch viele Hintergrundinfos und Internettipps. Ob Neu-Rheinländer oder Alteingesessener: Wer sein Wissen erfolgreich getestet hat, dem winkt der Rheinland-Pass.

100 Fragen über das Radio Bonn/Rhein-Sieg-Land von Sven Jaworek,
Format: 13 x 20,5 cm, Softcover, 128 Seiten,
ISBN: 978-3-943883-14-5
€ 7,99

Olaf Schumacher
Der Kölsche Unterschied
52 Gründe, den Kölner zu lieben...
und den Düsseldorfer nicht.

Der Kölner ist anders und der Düsseldorfer ist ganz anders. Die beiden können nicht miteinander und sie wollen auch nicht miteinander. Wie das kommt und wo die unüberbrückbaren Unterschiede und Gegensätze dieser beiden Volksstämme liegen, sehen Sie hier an Beispielen wie Humor, Charakter, Karneval, Botoxkonsum, Luxus, Schwarzarbeit, Tierschutz, Gartenbau und vielem anderen ...

Format: 12 x 15 cm, Softcover, 112 Seiten,
ISBN: 978-3-943883-39-8
€ 7,99

Köln in 1000 Bildern
Hardcover, ca. 376 Seiten
ISBN 978-3-943883-89-3
€ 19,99

Och, wat wor dat fröher schön doch en Colonia! Wie schön, davon zeugen 1000 atmosphärische Bilder, Postkarten und Fotografien, die das unzerstörte Köln der Vorkriegszeit mit zahlreichen nostalgischen Ansichten wieder greifbar werden lassen. Atemberaubende Portraits und Schnappschüsse rufen vergessene kölsche Traditionen in Erinnerung und gewähren gleichzeitig Einblicke in die bewegten Anfänge einer aufkeimenden Metropole. Eine faszinierende Reise in vergangene Tage einer deutschen Großstadt mit ihrem Alltagstreiben, ihren Hinterhöfen und ihrem alles überragenden Wahrzeichen, dem Kölner Dom.

Bestellen Sie hier:

Edition Lempertz
Hauptstraße 354, 53639 Königswinter,
Tel.: 0 22 23 / 90 00 36, Fax 0 22 23 / 90 00 38,
E-Mail: info@edition-lempertz.de
www.edition-lempertz.de